# 看图读懂
# 食品安全法

主编◎张语琦

中国健康传媒集团
中国医药科技出版社

# 内 容 提 要

本书从普法的角度出发，用通俗、直白、浅显的语言及典型案例解读了新修订的《中华人民共和国食品安全法》。全书分为八个章节，共110个案例，每个案例从"法律条文""案例解读""我要提问""专家说法"和"一句话点评"五个方面生动形象地对《食品安全法》及相关法律法规进行解读，图文结合，通俗易懂。

希望本书可以帮助读者知法、懂法、学法、用法，不断提高法律意识，避免在日常生活中因食品安全问题受到伤害。

## 图书在版编目（CIP）数据

看图读懂食品安全法 / 张语琦主编 . — 北京：中国医药科技出版社，2017.7

ISBN 978-7-5067-9319-3

Ⅰ．①看… Ⅱ．①张… Ⅲ．①食品卫生法—中国—图解
Ⅳ．① D922.16-64

中国版本图书馆 CIP 数据核字（2017）第 106998 号

**美术编辑**　陈君杞
**版式设计**　也　在

| | |
|---|---|
| 出版 | **中国健康传媒集团**｜中国医药科技出版社 |
| 地址 | 北京市海淀区文慧园北路甲 22 号 |
| 邮编 | 100082 |
| 电话 | 发行：010 - 62227427　邮购：010 - 62236938 |
| 网址 | www.cmstp.com |
| 规格 | 710×1000mm ¹/₁₆ |
| 印张 | 18 ¹/₄ |
| 字数 | 259 千字 |
| 版次 | 2017 年 7 月第 1 版 |
| 印次 | 2021 年 9 月第 2 次印刷 |
| 印刷 | 北京市密东印刷有限公司 |
| 经销 | 全国各地新华书店 |
| 书号 | ISBN 978-7-5067-9319-3 |
| 定价 | 39.00 元 |

获取新书信息、投稿、为图书纠错，请扫码联系我们。

# 前　言

食物是人类赖以生存的物质基础，食品安全问题关乎民生。随着科技的不断进步，社会的不断发展，人们的生活水平在不断提高，食品的种类也在不断增多。因此，食品安全问题成为人们关注的焦点。

近年来，在我国甚至世界范围内，食品安全事件层出不穷，给人们带来了或多或少的影响和伤害。由此可见，引起食品安全问题的因素多种多样，如何有效解决才是问题的关键。通过学习《中华人民共和国食品安全法》(以下简称《食品安全法》)及相关法律法规，可以提高人们的法律知识水平，从而促进食品安全环境的不断改善，为创造安全稳定的食品市场环境奠定基础。

此外，消费者在日常饮食过程中，要想杜绝食品安全隐患，首先应了解食品安全的相关法律知识。当发现存在食品安全隐患时，应及时向相关部门举报，防止不法商家危害人们的身体健康；当遇到食品安全问题时，可以通过法律来惩罚那些不法生产者和销售者；当食品问题损害到自己的合法权益时，也可以通过法律手段来维护自己的权益。

新修订的《食品安全法》从2015年10月1日起施行，堪称"史上最严"的食品安全法，2009年实施的是10章104条，新修订的是10章154条，内容增加了50条。新法体现出史上"四个最严"和"十大亮点"，并发出这样一个信号：要用最严谨的标准、最严格的监管、最严厉的处罚、最严肃的问责，确保百姓舌尖上的安全。

为配合广大读者学法、用法，不断提高法律意识，避免在日常生活中因食品安全问题受到伤害，本书通过 110 个典型案例，运用通俗、浅显的语言和生动形象的图画，详细解读了新修订的《食品安全法》，图文结合，切合实际，如有不当之处，恳请读者批评指正。

编者

2017 年 3 月

# 目录

## 第三章　食品安全标准

## 第四章　食品生产经营

**一般规定** / 56

**生产经营过程控制** / **124**

## 标签、说明书和广告 / 173

## 特殊食品 / 189

## 第五章　食品检验与食品进出口

## 第六章　食品安全事故处置与监督管理

## 第七章　食品安全维权指导

## 第八章　食品安全法的其他综合应用

第一章

# 食品安全的意义

# 你了解最新《食品安全法》的立法目的和背景吗？

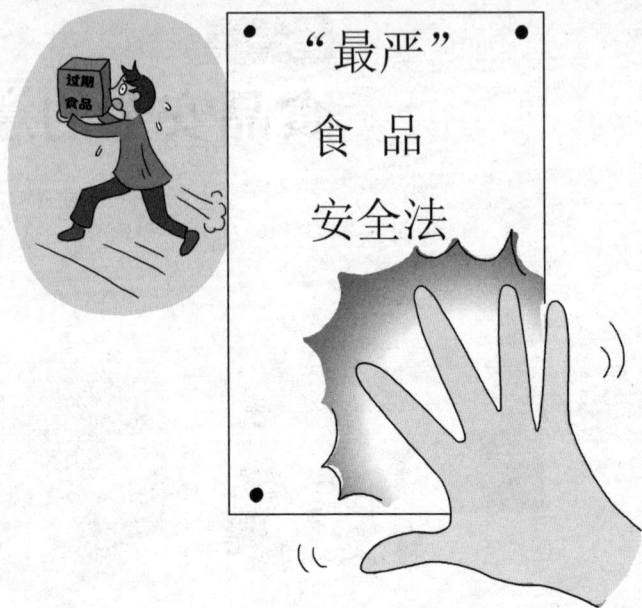

## 【法律条文】

第一条　为了保证食品安全，保障公众身体健康和生命安全，制定本法。

## 【案例解读】

李某经营着一家小水果店，由于其店所在郊区，交通比较闭塞，所以生意一直不好，为了增加收入，李某从外地运来青枣，先在烧热的水中焯一遍，然后将焯过水的青枣倒入水池里，加入糖精钠、甜蜜素、苯甲酸钠等添加剂进行浸泡，制成"糖精枣"，卖给消费者。2016年9月1日，根据群众举报，当地食品药品监督管理局经过缜密调查，当场查获"糖精枣"100千克。当今社会一些人为了利益，不顾消费者的食品安全，采取不法手段，给人们的饮食安全带来了巨大隐患。

【我要提问】

你了解最新《食品安全法》的立法目的和背景吗？

【专家说法】

民以食为天，食以安为先，食品安全问题一直是公众最关心的话题之一。新修订的《食品安全法》从2015年10月1日起施行，堪称"史上最严"的食品安全法，2009年实施的是10章104条，新修订的是10章154条，内容增加了50条。新法体现出史上"四个最严"和"十大亮点"，并发出这样一个信号：要用最严谨的标准、最严格的监管、最严厉的处罚、最严肃的问责，确保百姓舌尖上的安全。

◇ 四个最严

一是突出民事赔偿责任。新法明确规定接到消费者赔偿要求的生产者或经营者应当先行赔付，不得推诿；完善了问题食品的惩罚性赔偿金制度，消费者除可要求赔偿损失外，在原法可要求价款10倍的索赔选项之外，增加了损失3倍的选择标准，同时确立了1000元的最低赔偿金制度；完善了相关责任主体的连带责任制度。

二是强化和完善行政处罚手段。对食品安全犯罪增加"终身禁入"的资格罚规定，大幅度提高罚款额度，增加拘留的行政处罚措施；对用非食品原料生产食品等严重违法行为的责任人，以及使用剧毒、高毒农药的行为，新法增加规定公安机关可以给予拘留。

三是完善食品安全领域的行刑衔接问题。新法新增了部分违法行为情形，并对各类违法生产经营行为进行了适当的分类调整，同时全面抬高了违法行为的责任幅度。据悉，刑法修订的相关准备工作已经在进行。

四是强化了监管者的责任。新法明显加强了对地方政府负责人和食品安全监管人员的问责机制。依照规定的监管职责逐项设定相应的法律责任，细化处分规定；同时针对原法中引咎辞职的原则性规定明确了适用情形，并将引咎辞职问责机制的适用范围从食品安全监管部门负责人扩展到了地方政府主要负责人。

◇ **十大亮点**

**亮点一：食品安全可全程追溯**

新法规定：食品生产经营者应当依照本法的规定，建立食品安全追溯体系，保证食品可追溯。国家鼓励食品生产经营企业采用信息化手段采集、留存生产经营信息，建立食品安全追溯体系。国务院食品药品监督管理部门会同国务院农业行政等有关部门建立食品安全全程追溯协作机制。

**亮点二：果蔬茶药禁止剧毒、高毒农药**

新法规定：禁止将剧毒、高毒农药用于蔬菜、瓜果、茶叶和中草药材等国家规定的农作物，违者由公安机关予以拘留处罚。

**亮点三：婴幼儿配方食品生产全程质量控制**

新法明确：婴幼儿配方食品生产企业应当实施从原料进厂到成品出厂的全过程质量控制，对出厂的婴幼儿配方食品实施逐批检验，保证食品安全。生产婴幼儿配方食品使用的生鲜乳、辅料等食品原料、食品添加剂等，应当符合法律、行政法规的规定和食品安全国家标准，保证婴幼儿生长发育所需的营养成分；生产企业应当将食品原料、食品添加剂、产品配方及标签等事项向省、自治区、直辖市人民政府食品药品监督管理部门备案；产品配方应当经国务院食品药品监督管理部门注册。

**亮点四：保健食品标签不得涉及疾病预防、治疗功能**

针对保健食品，新法明确要求：保健食品的标签、说明书不得涉及疾病预防、治疗功能，并声明"本品不能代替药物"。

亮点五：网上卖食品必须"实名制"

新法明确要求：网络食品交易第三方平台应当对入网食品经营者进行实名登记，并严格审查相关许可证。消费者买到了问题食品，首先可以向食品经营者索赔，如果第三方平台不能提供食品经营者实名信息、地址和有效联系方式的，就由第三方平台先赔偿，然后第三方平台自己想办法去找食品经营者追偿。

亮点六：生产经营转基因食品按规定标示

对于同样广受关注的转基因食品，新法增加规定：生产经营转基因食品应当按照规定进行标示，否则最高可处以货值金额5倍以上10倍以下罚款，情节严重的责令停产停业，直至吊销许可证。

亮点七：添加剂不许可不得生产

新法规定：国家对食品添加剂生产实行许可制度。从事食品添加剂生产，应当具有与所生产食品添加剂品种相适应的场所、生产设备或设施、专业技术人员和管理制度，并依法取得食品添加剂生产许可。

亮点八：只要有危险食品就得召回

新法规定：食品生产者发现生产的食品不符合安全标准或有证据证明可能危害人体健康的，应当立即停止生产，召回已经上市销售的食品，通知相关生产经营者和消费者，食品药品监督管理部门认为必要的，可以实施现场监督。

亮点九：实行10倍价款惩罚性赔偿

新法规定：生产不符合食品安全标准的食品或者销售明知是不符合食品安全标准的食品，消费者除要求赔偿损失外，还可以向生产者或者销售者要求支付价款10倍的赔偿金。

亮点十：新增行政拘留处罚，大幅提高罚额

新法对违法添加非食用物质，经营病死畜禽，违法使用剧毒、高毒农药等屡禁不止的严重违法行为，增加了行政拘留的处罚，如有上述违法情形，情节严重的，吊销许可证，并可以由公安机关对其直接负责的主管人员和其他直接负责人员处 5 日以上 15 日以下拘留。对食品安全违法行为，大幅提高罚款额度，比如对生产经营添加药品的食品，生产经营营养成分不符合国家标准的婴幼儿配方乳粉等违法行为，此前的《食品安全法》规定，最高可以处罚货值金额 10 倍的罚款，但是新修改的《食品安全法》规定最高可以处罚货值金额 30 倍的罚款。

## 【一句话点评】

为了保证食品安全，保障公众的身体健康和生命安全，制定了新的《食品安全法》。

# 新《食品安全法》为什么把范围扩大?

## 【法律条文】

第二条 在中华人民共和国境内从事下列活动,应当遵守本法:

(一)食品生产和加工(以下称食品生产),食品销售和餐饮服务(以下称食品经营);

(二)食品添加剂的生产经营;

(三)用于食品的包装材料、容器、洗涤剂、消毒剂和用于食品生产经营的工具、设备(以下称食品相关产品)的生产经营;

(四)食品生产经营者使用食品添加剂、食品相关产品;

(五)食品的贮存和运输;

(六)对食品、食品添加剂、食品相关产品的安全管理。

## 【案例解读】

某公司是一家以化工原料及保健品原料为主营业务的公司。2016年该公司发现当地的某皮革厂有许多剩余的垃圾皮料，于是将这些皮料进行回收，合成药用明胶和食用明胶，从而可以大大缩减生产成本。某知名糖果企业得知此事后，想从该公司购进该种食用明胶。该公司害怕这种明胶食用后对身体有害，违反《食品安全法》的相关规定而受到处罚，所以迟迟未决定是否进行大量生产。而糖果企业表示该公司只是添加剂的生产商，不是食品生产商，即使发生事故，该公司也不承担法律责任。最终该公司经过考虑后，和糖果企业达成合作协议。这种做法对吗？

## 【我要提问】

新《食品安全法》为什么把范围扩大？

## 【专家说法】

食品安全是重大的民生问题，习近平总书记曾指出："能不能在食品安全上给老百姓一个满意的交代，是对我们执政能力的重大考验。"要想打赢食品安全的攻坚战，需要法律、食品科学等多学科的共同参与。从法律的层面来说，对于各种违反《食品安全法》，生产有毒有害食品的现象进行法律制裁是最主要的任务。在现实生活中，由于很多企业对法律的无知，造成食品安全隐患之后，依然认为自身并未违反法律规定。我国《食品安全法》第二条明确规定，从事食品生产、加工、销售，食品添加剂的生产经营，食品包装等都属于食品安全的调控范围。本案例中，该公司明知以工业垃圾加工的明胶对人体有害，还将其卖给糖果企业，虽然其并不是食品的直接加工者，但作为添加剂的生产经营者，其行为应当受食品安全法的调整。

## 【一句话点评】

最新《食品安全法》将其规定范围调整得非常广泛，包括食品生产、经营的各个环节。任何可能影响到食品安全的方方面面都应当符合该法的相关规定。

# 什么是食品安全?

## 【法律条文】

第一百五十条  本法下列用语的含义:

食品,指各种供人食用或者饮用的成品和原料以及按照传统既是食品又是中药材的物品,但是不包括以治疗为目的的物品。

## 【案例解读】

某公司以生产火锅底料为主营业务,经济效益非常好。2016 年 2 月,该企业为了降低生产成本,发现很多家小企业作坊经常在火锅底料中以石蜡代替牛油进行凝固,于是自己也采取同样的做法进行生产,使大量对人体有害的石蜡火锅底料流入市场。后来某消费者在长期食用该公司的产品后患病,经检验后才知道该公司以石蜡代替牛油的做法，于是向当地政府举报。当地政府组成了调查组进行调查后，认为该公司违反了《食品安全法》的相关规定，对其进行了处罚。但该公司认为自己生产的火锅底料并不属于食品范围，只是佐料，政府相关部门进行处罚的依据是错误的。该公司的这种想法对吗？

**【我要提问】**

食品安全的定义你了解吗？

**【专家说法】**

目前，食品安全问题已经成了人们日常关注的焦点。从频繁发生的一些食品安全事件中可以看出企业诚信的缺失、道德的滑坡以及对法律的无知和漠视已经到了非常严重的地步。那么什么是食品安全？食品安全的概念到底是如何界定的呢？食品指各种供人食用或者饮用的成品和原料以及按照传统既是食品又是中药材的物品，但是不包括以治疗为目的的物品。食品安全是指食品无毒、无害，符合应当有的营养要求，对人体健康不造成任何急性、亚急性或者慢性危害。由此可知，"食品"不仅包括可供食用的成品，也包括原料。本案例中，虽然火锅底料并非火锅成品，但它是人们食用火锅的必备原料，同样会给人体健康造成危害，所以应当属于食品安全的治理范围，相关部门理应使用法律对该公司进行惩罚。

## 【一句话点评】

食品安全，指食品无毒、无害，符合应当有的营养要求，对人体健康不造成任何急性、亚急性或者慢性危害。因此，食品安全要求食品对人体健康造成急性或慢性损害的所有危险都不应存在，法律上的食品安全的保护范围不仅包括成品，也包括制作食品的原料以及既是食品又是中药材的物品。

# 怎样切实落实食品生产经营者安全负责制?

## 【法律条文】

第四条 食品生产经营者对其生产经营食品的安全负责。

食品生产经营者应当依照法律、法规和食品安全标准从事生产经营活动,保证食品安全,诚信自律,对社会和公众负责,接受社会监督,承担社会责任。

## 【案例解读】

某鲜蔬公司以水果菜品新鲜优质、价格优惠著称,在当地很受人们喜爱。然而,2016 年 5 月,当地食品药品监督管理局接到群众的举报,在该鲜蔬店购买的豆芽菜有使用"无根水"的现象。执法人员迅速联合当地民警进行突击检查,很快在该鲜蔬公司的供货库发现有大量无色透明液体,送到相关部门检查后,提示均含有"无根水"成分。据相关部门的介绍,"无根水"泡发的豆芽菜白亮水嫩、肥胖无根,卖相非常好,但其中所含的一种成分会导致儿童发育早熟、女性生理改变、老年人骨质疏松等问题,有致癌可能性。在当地媒体的大量报道下,该鲜蔬公司受到了广大市民的谴责,进而引发了如何加强生产经营企业安全责任制的大讨论。

## 【我要提问】

怎样切实落实食品生产经营者安全负责制?

## 【专家说法】

"无根水"的主要成分是 6- 苄基腺嘌呤和 4- 氯苯氧乙酸钠。这两种成分属激素类农药，能使豆芽细胞快速分裂，同氮肥一样，对人体有害，会致癌、致畸形。如果超量摄入，会引发儿童发育早熟、女性生理改变、老人骨质疏松等问题。食品企业作为市场经营的主体，作为食品安全的第一责任人，对食品安全全面负责，是一个企业进行生产经营活动的前提，也是企业应当履行的社会义务。

## 【一句话点评】

食品经营者是食品安全的第一责任人，涉及食品的生产、加工、流通等各个领域，其应该确保食品在这些环节是安全的。

# 食品安全监督管理制度如何执行？

## 【法律条文】

第三条　食品安全工作实行预防为主、风险管理、全程控制、社会共治，建立科学、严格的监督管理制度。

## 【案例解读】

近几年来，各类食品安全事件被频繁地在各大新闻媒体及网络上曝出，这不仅显示出了人们对食品安全的切实关注，同时也反映了食品安全工作在监督管理方面的重要性。2016年，为了认真贯彻全国和全省食品药品监督管理工作会议的精神，湖北省的食品药品监督管理局印发了《食品安全监督管理工作要点》的文件，要求紧紧围绕贯彻新修订的《食品安全法》这一主线，继续以问题导向、风险防控、索证索票、痕迹监管为指导，不断强化企业主体责任和监管责任，继续深化改革创新，加大重点治理和风险管控力度，力求全力保障公众的饮食安全，以落实新法中所反复强调的食品安全工作中监督管理制度的重要性。

## 【我要提问】

如何执行食品安全监督管理制度？

## 【专家说法】

近年来，我国处于食品安全事件频发期。劣质奶粉、"苏丹红"辣酱、毛发酱油、石蜡火锅底料、瘦肉精、毒大米、地沟油等问题食品之多、涉及范围之广、造成恶果之重，已到了令人谈"食"色变的地步。商务部《我国流通领域食品安全状况的调查报告》显示：尽管目前上市食品安全状况逐年好转，但食品安全仍存在超标、法律法规缺失、检测及环保体系不健全等问题。消费者对任何一类食品安全性的信任度均低于50%。接二连三的食品安全问题正在沉重地打击人们的饮食信心。"中国的食品怎么了？""明天我们还能吃什么？"成了人们十分关心的话题。因此必须用最严谨的标准、最严格的监管、最严厉的处罚、最严肃的问责，加快建立科学完善的食品药品安全治理体系，严把从农田到餐桌、从实验室到医院等每一道防线。

如何落实《食品安全法》所规定的监督管理制度是开展食品安全工作的重要标线。根据我国《食品安全法》第三条的规定，食品安全工作实行预防为主、风险管理、全程控制、社会共治，建立科学、严格的监督管理制度。首先，"预防为主"是最主要的措施，必须加强食品安全的风险监测，及时发现和解决食品安全的苗头性、倾向性问题，在造成严重危害性事件之前排除危害食品安全的源头。其次，为了实现预防食品安全的宗旨，就必须进行风险管理，实施食品安全风险的监测、评估、结果公布、不安全或高风险产品警示等，将治理的关口从事后的补漏以及处罚移到事前的防范。全程控制要求相关部门将食品的生产、经营到销售各个环节都能置于管控范围之内。社会共治表明了食品安全不仅仅是相关政府部门的单项治理，还需要全社会的共同努力。为了保证上述监管制度的实现，必须建立科学、严格的监督管理制度，完善配套制度。

## 【一句话点评】

《食品安全法》明确了监督管理工作，以预防为主，实施风险管理、全程控制、社会共治，并建立科学、严格的监督管理制度。

# 每个公民都有权举报违反食品安全的行为吗?

## 【法律条文】

第十二条 任何组织或者个人有权举报食品安全违法行为,依法向有关部门了解食品安全信息,对食品安全监督管理工作提出意见和建议。

## 【案例解读】

2017年1月,贺先生向当地市监督管理局举报反映,某粮油市场正广泛出售"毒面粉"。接到市民举报后,相关部门立即组成调查组,到当地各粮油市场进行调查,发现在很多摊位的库房都存放着大量颜色发黄、散发着严重霉味的面粉。据鉴定,这些面粉其实是国家粮库淘汰的发霉面粉,含有可致肝癌的黄曲霉素,按照规定,该种面粉只能适用于饲料等行业,绝不能当做人的粮食进行销售。然而这些"毒面粉"却被不法商贩通过不正当手段,从专营企业以较低廉的价格买进,然后进行转售。在对此"毒面粉"事件进行控制后,当地政府对贺先生举报违反食品安全的行为进行了公开嘉奖。

## 【我要提问】

每个公民都有权举报违反食品安全的行为吗?

## 【专家说法】

食品安全卫生不仅关系着亿万人民的生命和健康，也关系着社会的稳定与和谐。近年来，由于管理体制及各种原因，致使一些食品生产监管部门对食品安全的监管不到位，全国不少地方和企业出现了食品加工生产行业片面追逐利润，罔顾他人身体健康的局面。很显然，单靠行政机关执法很难抑制这种局面，每个公民作为市场交易的直接参与者，如果能担负起监督食品安全的责任，将会在很大程度上扩大监督范围。根据我国《食品安全法》第十二条的规定，任何组织或者个人有权举报食品安全违法行为，依法向有关部门了解食品安全信息，对食品安全监督管理工作提出意见和建议。以法律的形式肯定了公民个人监督食品安全违法行为以及向有关部门提出工作建议的正当性。可以说"监督食品安全，匹夫有责"，我们需要每一个社会主体在参与食品安全监督管理的过程中，能从经济损失和健康伤亡中受到警醒，从而在社会上形成打击不正之风的氛围。

## 【一句话点评】

我国法律对公民举报食品安全问题的行为给予了肯定，所以作为消费者，当遇到违法加工、经营问题食品者，要积极地监督举报。

# 食品安全工作中有突出贡献的人，会得到怎样的奖励？

## 【法律条文】

第十三条　对在食品安全工作中做出突出贡献的单位和个人，按照国家有关规定给予表彰、奖励。

## 【案例解读】

2016 年 9 月，某报社接到当地群众举报，称某黑作坊私下生产有毒牛肉干，并向市场售卖。在接到该举报线索之后，为了弄清楚事情真相，该报社记者伪装成市场小贩和黑作坊老板李某进行接洽。由于李某知道自己正在做的买卖是违法行为，所以对于交易人格外戒备。为了得到李某的信任，该记者当即向其交付了 5000 元定金，并将身份证等押给了李某。后来该记者如愿进入了生产车间，发现黑作坊的工人在加工牛肉干时直接将储存很久的，有的甚至发霉有虫卵的牛肉干用焦亚硫酸钠浸泡，以使其不腐变。记者偷偷拍下了相关照片和视频，并进行了报道，使得这些违法犯罪商人被送上了法庭，以"销售有毒有害食品罪"被起诉。当地有关部门对该报社进行了公开表彰，并根据当地食品安全奖励办法对其进行了奖励。

## 【我要提问】

举报有重大社会影响的食品安全事件会得到怎样的奖励？

## 【专家说法】

调动全社会力量的最有效的手段就是建立食品安全举报奖励制度。被号称"史上最严"的新《食品安全法》为了鼓励在全社会形成共同治理食品安全事故的局面，其第十三条规定：对在食品安全工作中做出突出贡献的单位和个人，按照国家有关规定给予表彰、奖励。

为了落实新《食品安全法》的规定，各地政府建立了具体的食品安全奖励的措施。通过承诺给予物质奖励的方式，使全社会投身于食品安全的监督管理中，并将所掌握的信息反馈给监管机关，及时对违法犯罪行为进行查处，保障食品安全。

## 【一句话点评】

我国法律规定了在食品安全工作中做出突出贡献的单位和个人能依法受到表彰和奖励。

# 监督食品安全问题要靠新闻媒体吗?

## 【法律条文】

第十条　各级人民政府应当加强食品安全的宣传教育,普及食品安全知识,鼓励社会组织、基层群众性自治组织、食品生产经营者开展食品安全法律、法规以及食品安全标准和知识的普及工作,倡导健康的饮食方式,增强消费者食品安全意识和自我保护能力。

## 【案例解读】

2017年1月,某公司在将一批高蛋白营养米粉装袋后运输的过程中,正值当地市监督管理局进行食品抽检。在抽查过程中,发现这批米粉铅含量严重超标,遂扣留了该批米粉。该市监督管理局在对该企业的生产车间进行突击检查后，发现该公司自 2016 年推出该种米粉以来，就一直存在超铅的现象。为了预防和减轻损害，需要执法人员及时向广大群众通报此消息，于是该市监督管理局联合当地媒体对此事件进行了广泛报道。为了确认事件进展，当地媒体自发对其他企业生产的同类米粉进行了检测比对，向群众列举了有毒及无毒产品。新闻媒体对此事件及时的报道追踪，发挥了其在食品安全监督中的重大作用，受到了当地群众的普遍赞扬。

## 【我要提问】

监督食品安全问题要靠新闻媒体吗？

## 【专家说法】

媒体在一个比较健全的食品安全体系网络中究竟应该并且可以扮演什么角色？发达国家给了我们很好的借鉴。美国食品安全监管体系被认为是世界上最安全的食品监管体系之一，其"形成了从联邦到地方分工明确、全方位的信息披露主体，以及遍布全国的信息采集、风险分析以及综合的信息反馈等基础设施。"在这个强大的信息网络中"由于有独立评估机构的存在，媒体不会取代专家的位置而对自己不够了解的事进行报道，公众也不会在事件水落石出之前不知就里地恐慌，媒体、公众、政府、企业都做好各自分内的事，耐心等待评估结果。在这个信息传播模式中，媒体就是一个最佳的信息传播载体，而不是信息爆料者，也不被公众寄予能力范围之外的期望。

而在我国，由于目前还缺乏健全的食品监管体系，没有一个完善、公开透明的食品安全信息系统，致使媒体在食品安全报道领域中摆脱不了自己的尴尬地位，并不得不超越自己而扮演一个全能角色，这就是问题的根源所在。其实，如果有完善的社会相关监管系统，媒体只需真实、理性、建设性地报道真相，满足公众的知情权，监督舆论，保护公众合法权益即可，而不必因为外在原因而承担难担之责，并成为一切后果的"众矢之的"。

## 【一句话点评】

新闻媒体通过曝光和宣传的方式维护食品安全秩序，既是法律所规定的义务，也体现了其作为传播事实和真相的媒介应当具备的职业素质。媒体也应当本着尊重事实的态度进行报道，不能任意夸大和扭曲客观情况。

第二章

# 食品安全风险监测与评估

# 食品安全风险评估结果有什么价值?

## 【法律条文】

第二十一条    食品安全风险评估结果是制定、修订食品安全标准和实施食品安全监督管理的科学依据。

经食品安全风险评估,得出食品、食品添加剂、食品相关产品不安全结论的,国务院食品药品监督管理、质量监督等部门应当依据各自职责立即向社会公告,告知消费者停止食用或者使用,并采取相应措施,确保该食品、食品添加剂、食品相关产品停止生产经营;需要制定、修订相关食品安全国家标准的,国务院卫生行政部门应当会同国务院食品药品监督管理部门立即制定、修订。

## 【案例解读】

重庆的简先生买来几十斤猪肉,放桶里腌制,某天夜里,简先生发现这猪肉竟会发出蓝光,用水冲洗反而越洗越亮,于是向当地有关部门举报。相关部门调查怀疑是由于猪被过量喂食含磷饲料所致,并提醒这样的"发光猪肉"一定不能食用。

## 【我要提问】

"发光"的猪肉能吃吗?食品安全风险评估结果有什么价值?

## 【专家说法】

根据《食品安全法》第二十一条的规定可知，经食品安全风险评估，得出食品、食品添加剂、食品相关产品不安全结论的，国务院食品药品监督管理、质量监督等部门应当依据各自职责立即向社会公告，告知消费者停止食用或者使用，并采取相应措施，确保该食品、食品添加剂、食品相关产品停止生产经营；需要制定、修订相关食品安全国家标准的，国务院卫生行政部门应当会同国务院食品药品监督管理部门立即制定、修订。

## 【一句话点评】

食品安全风险评估结果是制定、修订食品安全标准和实施食品安全监督管理的科学依据。

# 食品安全风险警示的作用是什么？

## 【法律条文】

第二十二条　国务院食品药品监督管理部门应当会同国务院有关部门，根据食品安全风险评估结果、食品安全监督管理信息，对食品安全状况进行综合分析。对经综合分析表明可能具有较高程度安全风险的食品，国务院食品药品监督管理部门应当及时提出食品安全风险警示，并向社会公布。

## 【案例解读】

王女士是一位家庭主妇，十分关注食品安全问题，因为对于她来说，她选择的食物和蔬菜关乎一家人的安全。因此，一有时间王女士就会看各种关于食品安全的新闻报道，关注新闻媒体发布的各类信息，以便在日常生活中注意相关问题。一次王女士通过看报纸，得知该市政府发布的食品安全风险警示，内容涉及最近水产品可能存在一些问题，告诫广大市民尽量避免食用。她认为这种信息很及时，可以提醒广大人民群众，保障人们的安全。

## 【我要提问】

什么是食品安全风险警示？

## 【专家说法】

食品安全风险警示是指国务院食品药品监督管理部门应当会同国务院有关部门，根据食品安全风险评估结果、食品安全监督管理信息，对食品安全状况进行综合分析。对经综合分析表明可能具有较高程度安全风险的食品，国务院食品药品监督管理部门应当及时提出食品安全风险警示，并向社会公布。那么食品安全风险警示制度的作用是什么呢？食品安全风险警示是为了警告大众注意较高程度安全风险的食品，以保障大众的生命健康，促进公共福祉和社会安全，同时对食品生产者和经营者起到一定的警示作用。

## 【一句话点评】

食品安全风险警示制度是国家公布可能具有较高程度安全风险的食品，以引起广大人民群众的注意，用以保障大众的生命健康权，促进公共福祉和社会安全。

# 采集食品样本需要支付费用吗？

## 【法律条文】

第十五条　食品安全风险监测工作人员有权进入相关食用农产品种植养殖、食品生产经营场所采集样品、收集相关数据。采集样品应当按照市场价格支付费用。

## 【案例解读】

小何是新入职的食品安全风险监测工作人员，虽然大学本科学的是食品安全专业，但是一直处于理论学习的层面，从未真正地实践过，也未从事过相关的工作。进入该机构后，小何一直认真学习理论和实践方面的知识，对食品安全风险监测工作有了进一步的认识。他的同事们经常去各地方采集样本，收集数据。但由于他的工作经验较少，所以领导没有安排他去采集过样本。一次，由于人手紧缺，领导安排小何与另一位同事去当地的一家蜂蜜蛋糕食品加工厂采集样本。小何去了以后，与食品加工厂的工作人员表明了自己的目的，并在食品加工厂工作人员的配合下，顺利地采集到该家食品加工厂的蜂蜜蛋糕食品样本，收获了不少关于食品采集工作的步骤和注意事项。但是，他不知道是否需要支付这些蛋糕食品样本的费用？

## 【我要提问】

采集该厂的蜂蜜蛋糕食品样本是否要付费？

## 【专家说法】

进行食品安全风险监测工作的目的是预防疾病，保障食品安全，因此对于我们的国家和政府来说，是一项极为重要的工作。依照《食品安全法》第十五条第二款的规定，食品安全风险监测工作人员有权进入相关食用农产品种植养殖、食品生产经营场所采集样品、收集相关数据。采集样品应当按照市场价格支付费用。因此，依照上述相关的法律规定，本案例中，作为食品安全风险监测人员的小何，在进入该家食品加工厂采集样本后，需要按照市场价格支付该家食品加工厂相应的费用。

## 【一句话点评】

食品安全风险监测工作人员采集样品时，应当按照市场价格支付费用。

# 食品安全风险评估的相关费用需要生产经营者承担吗?

## 【法律条文】

第十七条    国家建立食品安全风险评估制度,运用科学方法,根据食品安全风险监测信息、科学数据以及有关信息,对食品、食品添加剂、食品相关产品中生物性、化学性和物理性危害因素进行风险评估。

国务院卫生行政部门负责组织食品安全风险评估工作,成立由医学、农业、食品、营养、生物、环境等方面的专家组成的食品安全风险评估专家委员会进行食品安全风险评估。食品安全风险评估结果由国务院卫生行政部门公布。

食品安全风险评估不得向生产经营者收取费用,采集样品应当按照市场价格支付费用。

## 【案例解读】

王某在市郊区经营着一家小型的罐头加工厂。由于该加工厂所在郊区房租比较便宜,交通比较便利,因此此处有各种类型的食品加工厂。该市的卫生行政部门人员经常来此进行检查,食品安全风险监测人员也经常来此采集样本。一次,卫生行政部门的人来到王某的罐头加工厂进行检查,并告知由于最近该卫生部门需要进行全市范围内的食品安全风险评估,希望王某等生产者可以帮其承担相关费用。王某该怎么做?

## 【我要提问】

食品安全风险评估的相关费用需要生产经营者承担吗?

## 【专家说法】

国家建立食品安全风险评估制度，运用科学方法，根据食品安全风险监测信息、科学数据以及有关信息，对食品、食品添加剂、食品相关产品中生物性、化学性和物理性危害因素进行风险评估。食品安全风险评估不得向生产经营者收取费用，采集样品应当按照市场价格支付费用。所以王某不需要支付该卫生行政部门人员要求的食品安全风险评估工作的相关费用。

## 【一句话点评】

生产经营者无须承担食品安全风险评估工作的相关费用。

# 食品安全风险评估在什么情况下需要进行？

## 【法律条文】

第十八条　有下列情形之一的，应当进行食品安全风险评估：

（一）通过食品安全风险监测或者接到举报发现食品、食品添加剂、食品相关产品可能存在安全隐患的；

（二）为制定或者修订食品安全国家标准提供科学依据需要进行风险评估的；

（三）为确定监督管理的重点领域、重点品种需要进行风险评估的；

（四）发现新的可能危害食品安全因素的；

（五）需要判断某一因素是否构成食品安全隐患的；

（六）国务院卫生行政部门认为需要进行风险评估的其他情形。

## 【案例解读】

李某每隔几天都会去家附近菜市场内的一家摊位买咸鸭蛋。这家的咸鸭蛋是老板自家制作的，老板总是宣称其咸鸭蛋不添加任何食品添加剂，是健康安全的食品，顾客可以放心的食用。但是，一次李某的儿子在食用该咸鸭蛋后，出现腹泻等身体不适，于是去医院检查。经检验，得知是由于食用咸鸭蛋所致，因为咸鸭蛋中含有一些食品添加剂。李某知道后，非常气愤，认为该家摊位明显是欺骗消费者，并且严重危害消费者的身体健康。于是，李某向当地的卫生行政部门举报了该家摊主。

## 【我要提问】

食品安全风险评估在什么情况下需要进行？

## 【专家说法】

依照我国《食品安全法》第十八条的规定，明确规定有 6 种情形，食品安全风险监测工作人员需要进行食品安全风险评估。其中第一种情形是，通过食品安全风险监测或者接到举报发现食品、食品添加剂、食品相关产品可能存在安全隐患的。在本案例中，李某举报该摊主其所销售的咸鸭蛋中含有的一些食品添加剂存在安全隐患。因此，在这种情况下，当地的卫生行政部门应当组织人员去进行相应的食品安全风险评估工作。

### 【一句话点评】

食品安全人人有责，当我们在现实生活中发现食品生产经营者出售的食品存在安全隐患时，可以向当地相关行政部门举报，由其进行相应的食品安全风险评估。

第三章

# 食品安全标准

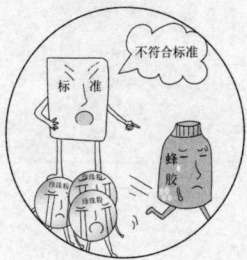

# 食品安全标准必须要强制执行吗？

## 【法律条文】

第二十五条　食品安全标准是强制执行的标准。除食品安全标准外，不得制定其他食品强制性标准。

## 【案例解读】

赵某有一个制作熟食的祖传秘方，按照此秘方制作出来的熟食味道非常好。开始的时候，赵某只是开了一家小店。后来由于生意非常好，店铺的规模在不断地扩大，到2016年4月，赵某准备成立一家食品有限责任公司。虽然赵某并不熟识法律，但是经营食品生意这么多年，他也知道生产的食品必须符合国家的食品安全标准。但是赵某想，自己都要成立公司了，为什么自己不能制定食品安全标准，却一定要执行国家制定的食品安全标准呢？

## 【我要提问】

食品安全标准必须要强制执行吗？

## 【专家说法】

根据《食品安全法》第二十五条的规定，食品安全标准是强制执行的标准。由此可知，食品安全标准具有强制性，企业必须严格执行。我国现行食品安全标准主要是食品卫生标准、食品产品标准、食品包装标准、食品添加剂标准、食品加工机械标准、食品相关产品标准等。一旦国家相关机构颁布了食品安全标准，就必须严格贯彻执行，任何人都不能够擅自改变或者降低国家制定的食品安全标准。在本案例中，赵某所生产的食品必须要符合国家的安全标准，自己不能擅自改变或者降低国家制定的食品安全标准。

## 【一句话点评】

食品安全标准是强制执行的标准。

# 制定食品安全标准遵循什么原则？

### 【法律条文】

第二十四条　制定食品安全标准，应当以保障公众身体健康为宗旨，做到科学合理、安全可靠。

### 【案例解读】

小魏觉得食品公司发展前景比较好，于是决定成立一家食品公司。听朋友说，按照国家的规定，食品公司生产的食品必须要符合一定的安全标准。可是，他并不知道到底食品的安全标准是什么，也不清楚国家制定食品安全标准的原则是什么。

### 【我要提问】

制定食品安全标准遵循什么原则？

### 【专家说法】

食品安全标准是指相关的专业机构在一定的科学技术和经验的基础上，为保护食品安全秩序，并经相应的机构批准而形成的。食品安全标准包括国家标准、地方标准和企业标准。根据《食品安全法》第二十四条的规定，制定食品安全标准，应当以保障公众身体健康为宗旨，做到科学合理、安全可靠。由此可知，该条规定了食品安全标准的基本原则是保障公众身体健康，并以此为中心，在制定标准时要科学合理、安全可靠。食品安全标准具有科学性、合理性和可靠性的特点。科学性，即在科学的基础之上制定食品安全标准，促进食品生产的进步与发展。合理性，即制定标准必须要符合社会一般的规定与标准，不能脱离实际。不仅要保证食品标准的可行性、现实性，还要尊重客观规律，结合我国当前的生产技术水平。可靠性，即制定食品安全标准必须要进行食品安全生产评估，保障食品的安全性。在本案例中，小魏只有明白什么是食品安全标准，了解国家有关机关制定的食品安全标准的原则之后，才能全面把握食品安全，从而顺利地成立食品公司。

## 【一句话点评】

制定食品安全标准，应当以保障公众身体健康为宗旨，做到科学合理、安全可靠。

# 地方的食品安全标准存在错误时，企业是否要向相关部门报告？

## 【法律条文】

第三十二条　省级以上人民政府卫生行政部门应当会同同级食品药品监督管理、质量监督、农业行政等部门，分别对食品安全国家标准和地方标准的执行情况进行跟踪评价，并根据评价结果及时修订食品安全标准。

省级以上人民政府食品药品监督管理、质量监督、农业行政等部门应当对食品安全标准执行中存在的问题进行收集、汇总，并及时向同级卫生行政部门通报。

食品生产经营者、食品行业协会发现食品安全标准在执行中存在问题的，应当立即向卫生行政部门报告。

## 【案例解读】

某公司主要生产一种当地的特色糕点，此种糕点没有国家标准，一直在按照地方制定的食品安全标准进行生产。一天，该公司的食品质量检验部的一位员工偶然发现，这种糕点中的一种食品添加剂含量过高，会损害身体健康，但是如果将此种食品添加剂比例降低就达不到糕点原来的效果。后来再经过检测与核对，发现是该地方的食品安全标准出现了问题。此时，该公司不知道是否要向相关部门进行报告。

## 【我要提问】

地方的食品安全标准存在错误时，企业是否要向相关部门报告？

## 【专家说法】

　　根据《食品安全法》的相关规定可知，对食品安全标准进行跟踪评价和及时修订不仅仅是政府卫生部门的义务与责任，企业在执行食品安全标准的过程中发现了问题也要及时反应报告。因为食品安全标准涉及很多人的利益与健康，牵一发而动全身，一旦食品安全出现了问题，将关系到整个社会乃至国家的利益。因此，企业在执行食品安全标准的过程中发现了问题之后，要及时向相关的部门报告，相关部门便能及时采取相应的措施。

## 【一句话点评】

　　任何单位和个人在生产过程中发现了相关的食品安全标准出现问题，都应该及时向卫生行政部门进行报告。使相关的行政部门能够及时采取措施，纠正错误。

# 公众可以通过网络获得食品安全的相关标准吗?

## 【法律条文】

第三十一条　省级以上人民政府卫生行政部门应当在其网站上公布制定和备案的食品安全国家标准、地方标准和企业标准,供公众免费查阅、下载。

对食品安全标准执行过程中的问题,县级以上人民政府卫生行政部门应当会同有关部门及时给予指导、解答。

## 【案例解读】

王某成立了自己的食品有限责任公司,在一切准备就绪之后,王某准备开始进行公司的生产运营。但是王某并不是很清楚有关标准,由于工作繁忙,王某没有时间到相关部门去查询。后来王某的一个朋友告诉他,在网上应该有相关的食品安全标准的备案信息,但是不知道公众是否有权查阅。因此,王某想知道网上是否可以查询到相关的食品安全标准的信息。

## 【我要提问】

公众可以通过网络获得食品安全的相关标准吗?

## 【专家说法】

根据《食品安全法》第三十一条的规定,省级以上人民政府卫生行政部门应当在其网站上公布制定和备案的食品安全国家标准、地方标准和企业标准,供公众免费查阅、下载。对食品安全标准执行过程中的问题,县级以上人民政府卫生行政部门应当会同有关部门及时给予指导、解答。由此可知,法律赋予了公众对相关食品安全标准的知情权,使公众较方便地知晓相关的食品安全标准。这样既方便了食品生产企业获取相关信息,也有利于消费者在现实生活中维护自己的合法权益。在本案例中,王某可以从网上免费查询到食品安全的相关标准,并且可以下载。如果在执行的过程中遇到相关问题,他还可以向县级以上的相关部门进行咨询。

## 【一句话点评】

公民享有对食品安全的国家标准、地方标准、企业标准的知情权,其可以从网上直接查询到相关的备案信息。

# 地方政府可自行制定严于国家或行业食品安全标准的地方标准吗？

## 【法律条文】

第三十条　国家鼓励食品生产企业制定严于食品安全国家标准或者地方标准的企业标准，在本企业适用，并报省、自治区、直辖市人民政府卫生行政部门备案。

## 【案例解读】

由宁夏食品检测中心牵头组织制定的《食品安全地方标准　枸杞》地方标准，经自治区食品安全标准审评委员会审查通过，将于2017年6月1日正式实施。枸杞地方标准制定工作由宁夏食品检测中心牵头组织，宁夏农科院、农产品研究所等4家单位成立起草小组，经过收集数据和相关标准、研究论证、企业调研、数据验证等最终完成。此项标准在自治区卫计委批准下达项目计划书后，宁夏食品检测中心多次组织参与起草的相关专家深入当地的多个种植基地进行实地调研，与中宁县市场监管局枸杞执法大队、中宁县农牧局及20家具有一定生产种植规模的枸杞企业进行了现场讨论，广泛征求种植经营企业的意见。同时，在全区不同地点采集枸杞样品120份，开展农药残留、二氧化硫、磷化物等检测项目55项，并结合参与起草单位近年来掌握的实验数据和资料，依据国际、国内相关标准法规，最终形成了《食品安全地方标准　枸杞》的地方标准。

## 【我要提问】

地方政府可自行制定严于国家或行业食品安全标准的地方标准吗?

## 【专家说法】

《食品安全法》第三十条进行了专门规定,即国家鼓励食品生产企业制定严于食品安全国家标准或者地方标准的企业标准,在本企业适用,并报省、自治区、直辖市人民政府卫生行政部门备案。在食品安全生产中,企业是第一责任人,其所生产经营的食品、食品添加剂、食品相关产品都要符合食品的安全标准及法律的相关规定,并且依法取得食品生产经营所需要的政府许可。此外,企业的生产经营过程也要符合食品安全监控和管理的要求,产品必须达到强制性食品安全标准,以保障食品的安全。因此,国家鼓励企业制定严于国家标准或地方标准的企业标准。

## 【一句话点评】

法律鼓励企业制定严于国家食品安全标准的企业标准。为了避免随意降低企业标准,法律还规定企业制定自己的企业标准之后,要向国家的卫生行政部门进行备案。

# 地方特色食品没有国家标准，就意味着没有标准吗？

## 【法律条文】

第二十九条  对地方特色食品，没有食品安全国家标准的，省、自治区、直辖市人民政府卫生行政部门可以制定并公布食品安全地方标准，报国务院卫生行政部门备案。食品安全国家标准制定后，该地方标准即行废止。

## 【案例解读】

河北某县生产一种特色鸭，这种特色鸭是该地方的一种特色菜。该县每年都会生产很多这种特色鸭，外地前来旅游的游客都很喜欢。由于这种特色鸭是当地的一种特色菜，因此国家并没有制定相关的食品安全标准。2016 年 9 月，该县的工商局准备对这些商家所生产的特色鸭进行食品安全标准的检测。大家在听说了之后，都不知道应该怎样才算符合标准?

## 【我要提问】

地方特色食品有没有食品安全标准呢?

## 【专家说法】

根据《食品安全法》第二十九条的规定,对地方特色食品,没有食品安全国家标准的,省、自治区、直辖市人民政府卫生行政部门可以制定并公布食品安全地方标准,报国务院卫生行政部门备案。食品安全国家标准制定后,该地方标准即行废止。由此可知,并不是没有国家标准就意味着没有食品安全标准。对于地方特色食品,没有国家标准的,地方政府的相关部门可以制定此种食品的安全标准。且一旦国家标准出台,地方标准废止即可。由于在中国,每个地方的饮食文化都不同,国家不可能面面俱到,规定每一种食品的安全标准,这需要相关的政府部门来完成此项任务。因此,在本案例中,虽然没有国家的安全标准,但是,这并不意味着地方政府部门没有规定此项标准。如果有,那么该县生产这种特色鸭的商家就必须符合地方的食品安全标准。

## 【一句话点评】

没有国家标准的地方特色食品,地方政府可能会制定相关的标准。

# 制定食品安全标准要考虑哪些因素和意见?

## 【法律条文】

第二十八条  制定食品安全国家标准,应当依据食品安全风险评估结果并充分考虑食用农产品安全风险评估结果,参照相关的国际标准和国际食品安全风险评估结果,并将食品安全国家标准草案向社会公布,广泛听取食品生产经营者、消费者、有关部门等方面的意见。

食品安全国家标准应当经国务院卫生行政部门组织的食品安全国家标准审评委员会审查通过。食品安全国家标准审评委员会由医学、农业、食品、营养、生物、环境等方面的专家以及国务院有关部门、食品行业协会、消费者协会的代表组成,对食品安全国家标准草案的科学性和实用性等进行审查。

## 【案例解读】

小王在大学毕业之后,准备与他的好朋友小强创业,成立一家公司,两人因此一直在考虑成立公司的经营范围。他们在经过一些实地考察之后,觉得食品公司发展前景比较好,于是决定成立一家食品公司。他们听朋友说,按照国家的规定,食品公司生产的食品必须要符合一定的安全标准。可是,他们两个并不知道到底食品的安全标准是什么,也不清楚国家制定食品安全标准参考哪些因素。为了能够顺利地成立食品公司,两个人决定找相关的专业人士进行咨询。

## 【我要提问】

制定食品安全标准要考虑哪些因素和意见？

## 【专家说法】

《食品安全法》第二十八条专门规定了国家制定食品安全标准的过程以及其所考虑的因素和采纳的建议。在制定食品安全标准的过程中，不仅要进行食品的安全风险评估，而且要参照相关的国际食品安全标准。此外，因为食品的安全标准所涉及的利益比较广，还需要将制定出来的标准草案向社会公布，从而征求相关部门和企业以及消费者的建议。同时，要经过各个领域的专家所组成的专门的审评委员会进行严格的审查之后才能够正式公布，从而更好地保障食品的安全性。

## 【一句话点评】

国家制定食品的安全标准，要对食品进行安全风险评估，还要向社会各个部门征求意见，并进行严格的程序审查，保障食品安全标准的可靠性与现实性。

# 食品安全标准的内容有哪些?

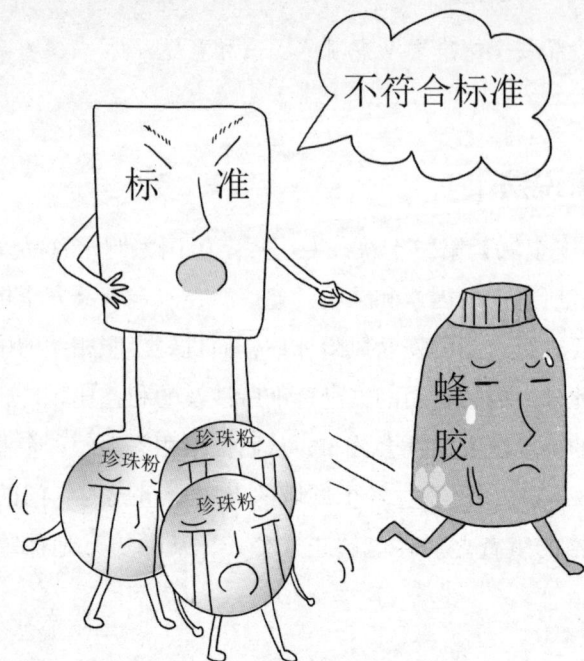

## 【法律条文】

第二十六条　食品安全标准应当包括下列内容:

(一)食品、食品添加剂、食品相关产品中的致病性微生物,农药残留、兽药残留、生物毒素、重金属等污染物质以及其他危害人体健康物质的限量规定;

(二)食品添加剂的品种、使用范围、用量;

(三)专供婴幼儿和其他特定人群的主辅食品的营养成分要求;

(四)对与卫生、营养等食品安全要求有关的标签、标志、说明书的要求;

(五)食品生产经营过程的卫生要求;

（六）与食品安全有关的质量要求；

（七）与食品安全有关的食品检验方法与规程；

（八）其他需要制定为食品安全标准的内容。

## 【案例解读】

小王是某膨化食品公司的总经理。2016 年 7 月，该公司接到当地工商部门的通知，要来检查该公司的产品是否符合食品安全标准。由于小王的公司才刚刚成立不到半年，很多事情都不是很清楚，也不明白食品安全标准具体包括哪些内容。虽然他们一直是按照一定的标准在进行生产，但也都是别人的经验。为此，他很担心自己公司的食品不符合国家规定的相关标准，因为一旦食品不符合安全标准，他很可能会面临被罚款，甚至是责令停业的风险。后来，他的一个朋友告诉他，只要他的食品合格，就说明符合食品安全标准了。

## 【我要提问】

食品安全标准的内容有哪些？

## 【专家说法】

《食品安全法》第二十六条规定，食品安全标准应当包括下列内容：（一）食品、食品添加剂、食品相关产品中的致病性微生物，农药残留、兽药残留、生物毒素、重金属等污染物质以及其他危害人体健康物质的限量规定；（二）食品添加剂的品种、使用范围、用量；（三）专供婴幼儿和其他特定人群的主辅食品的营养成分要求；（四）对与卫生、营养等食品安全要求有关的标签、标志、说明书的要求；（五）食品生产经营过程的卫生要求；（六）与食品安全有关的质量要求；（七）与食品安全有关的食品检验方法与规程；（八）其他需要制定为食品安全标准的内容。因此，食品的安全标准不仅是指食品本身的质量是否合格，还包括对食品生产经营过程中的卫生要求以及一些特殊食品中的营养成分的要求。本案例中，该食品公司不仅要符合与食品有关的质量要求，还要保证生产过程中的卫生等。

### 【一句话点评】

食品的安全标准不仅要求其质量合格，还要求食品的生产过程符合国家的卫生标准以及一些食品中的添加剂的成分是否在规定的范围内。

# 第四章

# 食品生产经营

**一般规定**

# 食品生产经营者应符合哪些卫生标准?

## 【法律条文】

第三十三条  食品生产经营应当符合食品安全标准,并符合下列要求:

(十)使用的洗涤剂、消毒剂应当对人体安全、无害。

第一百二十六条  违反本法规定,有下列情形之一的,由县级以上人民政府食品药品监督管理部门责令改正,给予警告;拒不改正的,处五千元以上五万元以下罚款;情节严重的,责令停产停业,直至吊销许可证:

(五)餐具、饮具和盛放直接入口食品的容器,使用前未经洗净、消毒或者清洗消毒不合格,或者餐饮服务设施、设备未按规定定期维护、清洗、校验。

## 【案例解读】

张某在某县经营一家饭店,该饭店的生意特别好,所以每天张某都特别忙碌。起初,是由张某一人打理饭店,后来因为忙不过来,就请了几个员工帮忙。由于他们每天要洗很多的碗筷,如果要用专门的洗洁精清洗,则对饭店来说是一笔很大的开支。于是为了节约资金,张某就让员工用洗衣粉来清洗碗筷。有一次,张某的一个朋友看到他的饭店在用洗衣粉洗碗,就告诉他,这样做是危害人体健康的,并且如果被发现了,是要被相关部门处罚的。而张某却说没关系,认为最后用清水把碗筷冲洗干净就可以，还说专门的洗洁精和洗衣粉的成分是一样的，没有区别。不久，此事被消费者举报，相关行政部门上门检查并对张某予以了惩处。

## 【我要提问】

食品生产经营者应符合哪些卫生标准？

## 【专家说法】

洗衣粉绝不能用来洗碗、洗菜，因为洗衣粉中含有阴离子表面活性剂、非离子表面活性剂、聚磷酸盐软水剂、漂白剂、增艳剂等成分，食用后会出现不同程度的中毒症状，严重者甚至会危及生命。《食品卫生法》明确规定，餐饮服务业必须使用符合标准的洗洁剂和餐饮用具，食用餐具和洗洁剂不合要求的，卫生执法部门可以处以非法所得 1~3 倍的罚款，没有非法所得的可以处以 5000 元的罚款。餐饮行业利用洗衣粉洗碗、洗菜是对消费者合法权益的公然侵犯，也是对消费者生命健康严重不负责任的典型侵权行为，消费者一旦发现此类现象，应该立即向饭店提出质疑，并向有关执法部门举报。

## 【一句话点评】

食品生产企业使用的洗涤剂、消毒剂应当对人体安全、无害。

# 食品物流企业需要对食品安全负责吗？

## 【法律条文】

**第三十三条**　食品生产经营应当符合食品安全标准，并符合下列要求：

（六）贮存、运输和装卸食品的容器、工具和设备应当安全、无害，保持清洁，防止食品污染，并符合保证食品安全所需的温度、湿度等特殊要求，不得将食品与有毒、有害物品一同贮存、运输。

非食品生产经营者从事食品贮存、运输和装卸的，应当符合前款第六项的规定。

**第一百三十二条**　违反本法规定，未按要求进行食品贮存、运输和装卸的，由县级以上人民政府食品药品监督管理等部门按照各自职责分工责令改正，给予警告；拒不改正的，责令停产停业，并处一万元以上五万元以下罚款；情节严重的，吊销许可证。

## 【案例解读】

某物流公司是一家专门从事食品运输的企业。2016 年 5 月，当地的一家速冻食品公司委托该物流企业运输一批食品到邻县的一家超市。由于这家食品公司要运输的速冻食品对温度有特殊的要求，因此，特别告诉该物流企业要用专门的冷藏车进行运输，以防食品变质，并且询问了他们是否具备这种车辆。后该物流企业答应了食品公司的要求。可是，他们并没有相关设备来满足这批食品所需要的条件。而他们却认为，反正是冬天，并且距离不是很远，根本不需要专门的设备来进行运输。该物流公司的做法正确吗？

## 【我要提问】

食品物流企业需要对食品安全负责吗？

## 【专家说法】

食品的安全不仅要依靠食品的生产经营者来保障，相关的运输、贮存食品的非食品经营者也要达到相应的标准。《食品安全法》第三十三条第二款规定，非食品生产经营者从事食品贮存、运输和装卸的，应当符合前款第六项的规定。由此可知，非食品的生产经营者在贮存、运输和装卸食品的过程中，也要保证食品的安全卫生，以防食品被污染。此外，如果食品对温度、湿度等有特殊要求，相关的非食品经营者也必须符合这些要求。如果食品的安全问题是由于他们的原因导致的，这些非食品经营者也要承担相应的法律责任。且《食品安全法》第一百三十二条明确规定，非食品生产经营者如果违反本法规定，未按要求进行食品贮存、运输和装卸的，由县级以上人民政府食品药品监督管理等部门按照各自职责分工责令改正，给予警告；拒不改正的，责令停产停业，并处一万元以上五万元以下罚款；情节严重的，吊销许可证。本案例中，该物流公司的做法是违法的，如果导致食品变质，出现食品安全问题，则要承担一定的法律责任。

## 【一句话点评】

食品的非生产经营者也应该依法履行自己的义务，保障食品的安全卫生，以达到食品的安全标准。

# 使用不合格食品原料进行食品生产将会受到法律的惩罚吗？

## 【法律条文】

第三十四条　禁止生产经营下列食品、食品添加剂、食品相关产品：

（一）用非食品原料生产的食品或者添加食品添加剂以外的化学物质和其他可能危害人体健康物质的食品，或者用回收食品作为原料生产的食品。

第一百二十三条　违反本法规定，有下列情形之一，尚不构成犯罪的，由县级以上人民政府食品药品监督管理部门没收违法所得和违法生产经营的食品，并可以没收用于违法生产经营的工具、设备、原料等物品；违法生产经营的食品货值金额不足一万元的，并处十万元以上十五万元以下罚款；货值金额一万元以上的，并处货值金额十五倍以上三十倍以下罚款；情节严重的，吊销许可证，并可以由公安机关对其直接负责的主管人员和其他直接责任人员处五日以上十五日以下拘留：

（一）用非食品原料生产食品、在食品中添加食品添加剂以外的化学物质和其他可能危害人体健康的物质，或者用回收食品作为原料生产食品，或者经营上述食品。

## 【案例解读】

某私房菜馆是当地的一家连锁餐馆，有多家分店，凭借其丰富的菜品和优良的环境，成为了当地人们经常前往消费的地方。然而2016年，一则关于该私房菜馆"将回收菜再次端上餐桌"的新闻一出，使该私房菜馆一夜之间沦为众矢之的。原来，2016年5月，当地报社的记者接到举报电话，称该私房菜馆的厨房卫生环境很差，用料也不新鲜。为了一探究竟，记者装扮成运送食材的工人，在搬运过程中发现该菜馆的厨房不仅到处弥漫着腥臭味，还将前一天客人吃剩的菜重复利用，如将已经变味变质的鱼用热水泡过之后拌上洋葱后端上餐桌，将鱼块重新炸过后下火锅等。当地市监督管理局立即派出执法人员进行调查，并将该私房菜馆封查。

## 【我要提问】

使用不合格食品原料进行食品生产将会受到法律的惩罚吗？

## 【专家说法】

食品生产经营者是食品安全的首要责任人，企业的自我约束是食品安全的基础。企业应当严格把控食品安全的第一道关卡，生产符合安全标准的食品。根据我国《食品安全法》第三十四条的规定，禁止生产经营用回收食品或超过保质期的食品作为原料生产的食品。此规定是对食品生产经营者的禁止性要求。只要违反该禁止性规定，即用回收食品或超过保质期的食品作为原料来生产经营，使食品丧失安全性保障，就必须根据《食品安全法》第一百二十三条的规定来承担法律责任。根据具体的违法情节，当地县级以上人民政府食品药品监督管理部门及公安机关有权依据法律规定进行处罚。本案例中，该私房菜馆在经营的过程中，将已经利用过的剩菜进行二次加工，再次端上餐桌供人们食用的行为严重违反了《食品安全法》的禁止性规定，根据其具体的违法情节，当地县级以上人民政府食品药品监督管理部门及公安机关有权依据法律规定对其进行处罚。

## 【一句话点评】

使用不合格食品原料进行食品生产将会受到法律的严惩。

# 食品中农药残留超标会受到什么处罚?

## 【法律条文】

**第三十四条** 禁止生产经营下列食品、食品添加剂、食品相关产品:

(二)致病性微生物,农药残留、兽药残留、生物毒素、重金属等污染物质以及其他危害人体健康的物质含量超过食品安全标准限量的食品、食品添加剂、食品相关产品。

**第一百二十四条** 违反本法规定,有下列情形之一,尚不构成犯罪的,由县级以上人民政府食品药品监督管理部门没收违法所得和违法生产经营的食品、食品添加剂,并可以没收用于违法生产经营的工具、设备、原料等物品;违法生产经营的食品、食品添加剂货值金额不足一万元的,并处五万元以上十万元以下罚款;货值金额一万元以上的,并处货值金额十倍以上二十倍以下罚款;情节严重的,吊销许可证:

(一)生产经营致病性微生物,农药残留、兽药残留、生物毒素、重金属等污染物质以及其他危害人体健康的物质含量超过食品安全标准限量的食品、食品添加剂。

## 【案例解读】

某公司是一家专门经营水果的公司，在全国很多城市都开设了实体店，是消费者非常信赖的经营商。2017年2月，当地的食品药品监督管理局在对辖区内的农产品进行抽样检查时，发现该公司门店中的多种水果存在着农药残留超标的问题，尤其是苹果，远远超出了国家规定的农药限量要求。并在调查的过程中，发现该水果公司在当地的供货商多数为小商贩，这和该公司对外宣传的"和大型农场合作"有重大出入，且该公司销售农药残留超标的商品在业内是公开的秘密。那么，该公司会受到哪些处罚？

## 【我要提问】

食品中农药残留超标会受到什么处罚？

## 【专家说法】

农药的大量使用使环境受到严重污染的同时，也使我国每年因农产品中高毒农药残留量超标造成的中毒事件屡屡发生。对此，我国《食品安全法》第三十四条明确规定了禁止生产经营农药残留以及对人体健康有危害的物质超过食品安全标准限量的食品。同时该法第一百二十四条明确规定了对生产农药残留超过食品安全标准限量的食品、食品添加剂的企业，尚不构成犯罪的，由县级以上人民政府食品药品监督管理部门没收违法所得和违法生产经营的食品、食品添加剂，并可以没收用于违法生产经营的工具、设备、原料等物品；违法生产经营的食品、食品添加剂货值金额不足一万元的，并处五万元以上十万元以下罚款；货值金额一万元以上的，并处货值金额十倍以上二十倍以下罚款；情节严重的，吊销许可证。

## 【一句话点评】

消费者很难用肉眼观察到食品中的农药残留是否超标，唯一能做的就是在食用农产品之前尽量多清洗几次。因此，企业在生产经营的过程中应当认真了解各类食品的农药残留标准，为食品安全尽一份自己的力量。

# 使用超过保质期的原料生产食品需要承担法律责任吗？

## 【法律条文】

第三十四条    禁止生产经营下列食品、食品添加剂、食品相关产品：

（三）用超过保质期的食品原料、食品添加剂生产的食品、食品添加剂。

第一百二十四条    违反本法规定，有下列情形之一，尚不构成犯罪的，由县级以上人民政府食品药品监督管理部门没收违法所得和违法生产经营的食品、食品添加剂，并可以没收用于违法生产经营的工具、设备、原料等物品；违法生产经营的食品、食品添加剂货值金额不足一万元的，并处五万元以上十万元以下罚款；货值金额一万元以上的，并处货值金额十倍以上二十倍以下罚款；情节严重的，吊销许可证：

（二）用超过保质期的食品原料、食品添加剂生产食品、食品添加剂，或者经营上述食品、食品添加剂。

## 【案例解读】

某酒楼制作凉菜的区域有大量制作凉菜所使用的食品添加剂，包括芝麻味增香剂 20 瓶、凉拌菜香精 12 瓶。2016 年 5 月，执法人员在检查的过程中发现此两种添加剂均已经过了保质期。经立案调查，以上食品添加剂都是该酒家于 2013 年从正规生产企业购进的，当时由于大批量购入有折扣，所以在已过保质期后仍未使用完毕。负责人认为扔了太可惜，于是员工们只好继续使用该添加剂制作凉菜。该酒楼的这种行为需要承担法律责任吗？

## 【我要提问】

使用超过保质期的原料生产食品需要承担法律责任吗？

## 【专家说法】

作为食品的经营者，每个餐饮企业都应该严格依法从事经营活动，在食品生产过程中用严格的标准去衡量自身是否做到了安全卫生。在现实生活中，食品的原材料一旦超过了规定的保质期限，虽然可能不会影响食品表面，但消费者食用了该食品后，就可能会产生食源性疾病，从而危害身体健康。因此，作为餐饮经营者，应当对所经营的食品承担社会责任，对消费者的身体健康负责，决不能用超过保质期的原材料生产食品。相关部门一经发现，若触犯了刑法规定的，应当依法承担刑事责任；若尚不构成犯罪的，则由当地食品药品监督管理局根据《食品安全法》第一百二十四条进行处理。

**【一句话点评】**

禁止生产经营用超过保质期的食品原料、食品添加剂生产的食品、食品添加剂。

# 可以为了使食品更好吃而使用超量的食品添加剂吗？

## 【法律条文】

**第三十四条**  禁止生产经营下列食品、食品添加剂、食品相关产品：

（四）超范围、超限量使用食品添加剂的食品。

**第一百二十四条**  违反本法规定，有下列情形之一，尚不构成犯罪的，由县级以上人民政府食品药品监督管理部门没收违法所得和违法生产经营的食品、食品添加剂，并可以没收用于违法生产经营的工具、设备、原料等物品；违法生产经营的食品、食品添加剂货值金额不足一万元的，并处五万元以上十万元以下罚款；货值金额一万元以上的，并处货值金额十倍以上二十倍以下罚款；情节严重的，吊销许可证：

（三）生产经营超范围、超限量使用食品添加剂的食品。

## 【案例解读】

刘先生是一家食品批发超市的老板，该食品批发超市于 2014 年取得营业执照，生意一直很不错。2017 年 2 月，刘先生在另一家贾某的超市购入了一箱某品牌的火腿和两箱袋装拉面，然而消费者在食用之后出现了头晕、呕吐的现象。去医院就医后，经检验，医生说是由于食用的火腿和拉面中过量的添加剂所导致的。刘先生和贾某沟通未果后，就向该县的食品药品监督管理局进行了举报。执法人员根据刘先生所提供的线索立即进行了调查，发现贾某销售的火腿和拉面均使用了过量的焦亚硫酸钠，超过了国家标准的 8 倍。贾某的做法对吗？

## 【我要提问】

可以为了使食品更好吃而使用超量的食品添加剂吗？

## 【专家说法】

现在的食品生产是离不开食品添加剂的，否则我们的食品无法保鲜、防腐和批量生产。少量食品添加剂进入人体，不会影响健康，但食用添加剂过多的不合格产品时，就可能出现头晕、恶心、呕吐等症状。根据《食品安全法》第三十四条的规定，超范围、超限量使用食品添加剂的食品都不允许生产经营。所以本案中的贾某作为该超市责任人，应当根据《食品安全法》第一百二十四条的规定，承担行政违法责任。

## 【一句话点评】

　　食品生产经营者都应当依照法律、法规和食品安全标准从事生产经营活动，不能在生产经营食品过程中滥用食品添加剂。

# 婴儿辅食的营养成分需要遵守食品安全标准吗？

【法律条文】

第三十四条　禁止生产经营下列食品、食品添加剂、食品相关产品：

（五）营养成分不符合食品安全标准的专供婴幼儿和其他特定人群的主辅食品。

第一百二十三条　违反本法规定，有下列情形之一，尚不构成犯罪的，由县级以上人民政府食品药品监督管理部门没收违法所得和违法生产经营的食品，并可以没收用于违法生产经营的工具、设备、原料等物品；违法生产经营的食品货值金额不足一万元的，并处十万元以上十五万元以下罚款；货值金额一万元以上的，并处货值金额十五倍以上三十倍以下罚款；情节严重的，吊销许可证，并可以由公安机关对其直接负责的主管人员和其他直接责任人员处五日以上十五日以下拘留：

（二）生产经营营养成分不符合食品安全标准的专供婴幼儿和其他特定人群的主辅食品。

## 【案例解读】

2017年2月，某市食品药品监督管理局接到群众举报，称当地某食品企业生产的婴儿辅食产品不符合食品安全标准。执法人员接到举报后立即进行调查，一共抽检了多种该家生产企业的婴儿辅食产品，包括纯谷物营养米粉、钙铁锌谷物营养米粉、牛肉胡萝卜谷物营养米粉、五谷膳食谷物营养米粉等，其中不符合食品安全国家标准、存在食品安全风险的产品有3种，这些婴儿辅食产品都是镁含量超标且营养成分不符合国家标准。执法人员立即通知该企业将违法产品下架，并进一步追踪该违法企业的违法事实，保障婴儿的食品安全。

## 【我要提问】

婴儿辅食的营养成分需要遵守食品安全标准吗？

## 【专家说法】

婴儿辅食作为其成长阶段的重要原料，其安全性和营养成分标准影响着婴儿的成长和发育，因此必须对相关产品进行着重把控。根据《食品安全法》第三十四条的规定，营养成分不符合食品安全标准的专供婴幼儿和其他特定人群的主辅食品禁止生产经营。以法律途径控制不安全食品，从而加强对婴幼儿食品的监管。对于像本案例中的该企业违反法律规定，生产不符合婴幼儿食品营养成分标准的行为，构成犯罪的，应当承担刑事责任，若没有达到犯罪标准的，则应当按照《食品安全法》第一百二十三条的规定，由当地市食品药品监督管理局对其进行行政处罚。如果对婴儿造成人身损害的，还应当承担民事侵权赔偿责任。

## 【一句话点评】

食品生产经营者必须严格遵守婴幼儿食品营养成分的国家标准。国家应运用法律手段，着重对该部分进行监管。

# 对食品的生产经营场所有什么要求？

## 【法律条文】

第三十三条  食品生产经营应当符合食品安全标准，并符合下列要求：

（一）具有与生产经营的食品品种、数量相适应的食品原料处理和食品加工、包装、贮存等场所，保持该场所环境整洁，并与有毒、有害场所以及其他污染源保持规定的距离。

## 【案例解读】

某县市场监督管理局近期亮证检查当地某农批市场，当检查到一家凉皮销售摊位时，执法人员要求摊主当场提供凉皮来源的进货验收票证。摊主却提供不出任何票证，且表情紧张，一会儿支支吾吾地说放在家里，一会儿又说供货方没给。由此，执法人员意识到这家摊位的凉皮有问题。随后，执法人员经过多次走访了解到，被查摊主姓刘，是外地人，在当地卖凉皮已有6个多月，凉皮是他自己加工的，加工场所比较隐蔽，而且生产的凉皮卖相特别好，保鲜的时间也特别长。执法人员通过综合分析，认为刘某的加工坊无证无照，并有非法使用添加剂的嫌疑。于是，执法人员排摸了刘某送货的路线，找到了其加工场所后，会同当地县公安局组织执法力量，抓准刘某下午6时开始加工的时间，进行联合突击执法。执法人员在脏、乱、差的凉皮加工"黑窝点"搜查到多种粉状白色不明物，因此，刘某不得不承认非法使用添加剂的事实。

## 【我要提问】

对食品的生产经营场所有什么要求？

## 【专家说法】

食品安全并不只是要求食品本身的质量达到安全标准，其整个的生产过程都应该符合法律的规定，才能够真正地保证食品的安全。《食品安全法》第三十三条第一项做出了明确的规定，具有与生产经营的食品品种、数量相适应的食品原料处理和食品加工、包装、贮存等场所，保持该场所环境整洁，并与有毒、有害场所以及其他污染源保持规定的距离。由此可知，食品公司在生产食品的过程中必须保持生产场所的清洁，而且除了食品的加工场所外，食品的包装、贮存场所也需要保持清洁。本案例中，该凉皮生产加工场所不符合条件，违反了法律的规定。

## 【一句话点评】

食品的生产经营场所应具有与生产经营的食品品种、数量相适应的食品原料处理和食品加工、包装、贮存等场所，保持该场所环境整洁，并与有毒、有害场所以及其他污染源保持规定的距离。

# 食品生产者要购置专门的洗涤设备吗？

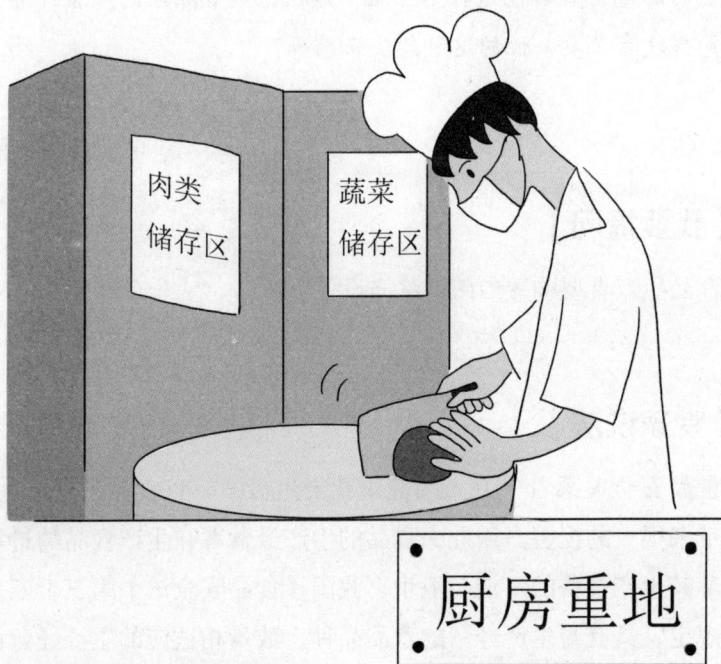

## 【法律条文】

第三十三条　食品生产经营应当符合食品安全标准，并符合下列要求：

（二）具有与生产经营的食品品种、数量相适应的生产经营设备或者设施，有相应的消毒、更衣、盥洗、采光、照明、通风、防腐、防尘、防蝇、防鼠、防虫、洗涤以及处理废水、存放垃圾和废弃物的设备或者设施。

## 【案例解读】

王某做的蛋糕味道很好，而且价格相对比较低，所以他的食品店生意非常好。但王某却从来不清洗做蛋糕的机器，甚至连洗涤设备都没有，导致这些器具非常脏。后来，王某的一个朋友到店里来，看到他店里的环境，告诉他这样不卫生，建议他购置相应的洗涤设备，但王某觉得没有必要。他的这种想法正确吗？

## 【我要提问】

食品生产者要购置专门的洗涤设备吗？

## 【专家说法】

食品安全关系着千万人的健康甚至生命，一旦食品出现了问题，将会带来很大的损害。因此，食品的生产经营者在生产食品的过程中要保障其生产设备的清洁与卫生。我国《食品安全法》第三十三条第二项规定，具有与生产经营的食品品种、数量相适应的生产经营设备或者设施，有相应的消毒、更衣、盥洗、采光、照明、通风、防腐、防尘、防蝇、防鼠、防虫、洗涤以及处理废水、存放垃圾和废弃物的设备或者设施。由此可见，法律要求生产经营者具备相应的设施或设备的同时，还要有相应的洗涤、消毒、防蝇等保证食品卫生的设施。本案例中，王某的食品店应该具备相应的清洁设施，保证生产设备的干净、卫生。

## 【一句话点评】

食品的生产经营者不仅要具有相应数量的生产设备，还应该专门购置相应的洗涤、消毒设备，在生产过程中保证食品的卫生与安全。

# 食品的生产企业需要聘用具备专业的技术人员吗？

## 【法律条文】

**第三十三条** 食品生产经营应当符合食品安全标准，并符合下列要求：

（三）有专职或者兼职的食品安全专业技术人员、食品安全管理人员和保证食品安全的规章制度。

**第一百二十六条** 违反本法规定，有下列情形之一的，由县级以上人民政府食品药品监督管理部门责令改正，给予警告；拒不改正的，处五千元以上五万元以下罚款；情节严重的，责令停产停业，直至吊销许可证：

（二）食品生产经营企业未按规定建立食品安全管理制度，或者未按规定配备或者培训、考核食品安全管理人员。

## 【案例解读】

赵某原来是某企业的一名员工，该企业效益一直不好。2015年1月，由于该企业倒闭，导致赵某因此而失业。由于他年龄偏大，又没有一技之长，所以一直找不到合适的工作。为了养家糊口，赵某就去学习了做蛋糕的手艺。学成之后，赵某就开了一家蛋糕店。赵某做的蛋糕味道很好，而且价格相对比较低，所以生意非常好。2015年7月，赵某决定成立自己的公司，进行批量生产，扩大销售量。在食品公司成立之后，赵某并没有聘请专业的食品安全技术人员。一天，由于某员工操作失误，导致一种添加剂超量。由于这种添加剂对人体危害很大，当这批食品销售出去之后，很多人食用后出现了呕吐的现象。最后，赵某因为此事而被工商局罚款，并对其没有食品专业技术人员的行为予以警告。而赵某却认为这是多此一举，他认为自己很有经验，不需要再花钱来聘请专业人员。赵某的这种想法对吗？

## 【我要提问】

食品的生产企业需要聘用具备专业的技术人员吗？

## 【专家说法】

在食品的生产过程中，需要具备专业的食品安全技术人员。我国《食品安全法》第三十三条第三项明确规定，有专职或者兼职的食品安全专业技术人员、食品安全管理人员和保证食品安全的规章制度是衡量食品的安全标准之一。因此，食品生产经营者有义务聘请专职或者兼职的专业技术人员。食品安全标准要求比较严格，稍有差池可能会造成很大的损害。所以，法律强制食品生产经营者必须具备相关的专业人员。且依据《食品安全法》第一百二十六条第二项规定，食品生产经营企业未按规定建立食品安全管理制度，或者未按规定配备或者培训、考核食品安全管理人员，由县级以上人民政府食品药品监督管理部门责令改正，给予警告；拒不改正的，处五千元以上五万元以下罚款；情节严重的，责令停产停业，直至吊销许可证。本案例中，如果赵某聘请专业的技术人员和管理人员，可能就不会发生此种事故。而且赵某的行为已经受到了相应的处罚，如果他再拒不改正，很可能会被责令停产停业，甚至是吊销许可证。

## 【一句话点评】

食品的生产经营者必须依法履行义务，聘请专业的食品安全技术人员和食品安全管理人员，这是保证食品安全必不可少的。

# 食品生产企业对相关的设备布局和工艺流程有要求吗？

## 【法律条文】

第三十三条　食品生产经营应当符合食品安全标准，并符合下列要求：

（四）具有合理的设备布局和工艺流程，防止待加工食品与直接入口食品、原料与成品交叉污染，避免食品接触有毒物、不洁物。

## 【案例解读】

某食品公司是当地一家生产火腿的食品公司，于2016年3月成立。按照相关的规定，生产火腿肠要求一定的工艺流程，其流程一般是原料的解冻、修整、蒸煮、冷却、包装等，生产火腿的企业需要严格按照程序进行操作。而该公司由于刚成立不久，没有生产经验，虽然该公司也有这些程序，却并没有按照顺序进行。后来，该公司的一名食品安全管理人员建议该公司的总经理林某应按照合理的流程进行生产，否则生产出来的食品很可能不合格，甚至会危害身体健康。而林某却说，反正每一道工序都进行了，不一定要那么死板。林某的这种做法对吗？

## 【我要提问】

食品生产企业对相关的设备布局和工艺流程有要求吗？

## 【专家说法】

依据我国现行《食品安全法》第三十三条第四项的规定，食品的生产经营应当具有合理的设备布局和工艺流程，防止待加工食品与直接入口食品、原料与成品交叉污染，避免食品接触有毒物、不洁物。食品不同于其他物品，尤其是直接入口的食品，如果没有合理的设备布局和工艺流程，则生产出来的食品可能存在安全隐患。法律必须严格要求食品生产者，要求其必须具有合理的设备布局和工艺流程，从而确保食品的安全与卫生。本案例中，该公司应严格按照生产火腿的流程生产。

## 【一句话点评】

食品生产经营应当符合食品安全标准，并具有合理的设备布局和工艺流程，防止待加工食品与直接入口食品、原料与成品交叉污染，避免食品接触有毒物、不洁物。

# 食品盛放的容器应有怎样的卫生标准？

## 【法律条文】

第三十三条　食品生产经营应当符合食品安全标准，并符合下列要求：

（五）餐具、饮具和盛放直接入口食品的容器，使用前应当洗净、消毒，炊具、用具用后应当洗净，保持清洁。

第一百二十六条　违反本法规定，有下列情形之一的，由县级以上人民政府食品药品监督管理部门责令改正，给予警告；拒不改正的，处五千元以上五万元以下罚款；情节严重的，责令停产停业，直至吊销许可证：

（五）餐具、饮具和盛放直接入口食品的容器，使用前未经洗净、消毒或者清洗消毒不合格，或者餐饮服务设施、设备未按规定定期维护、清洗、校验。

## 【案例解读】

一天晚上，周先生等几家人在某大型酒店聚餐。周先生的孩子喝了一杯饮料，吃了点饭菜后便在一旁玩耍，玩着玩着，突然喊肚子疼，当即腹泻不止。"孩子一年到头几乎连感冒都没有，怎么会突然腹痛腹泻？"周先生感到很疑惑，于是查看了菜品和饮料，这一检查，把家人都气坏了，大家万万没想到，孩子刚刚喝的饮料盛放容器不卫生。于是孩子当即被送到医院治疗。事后周先生向当地政府举报，认为该酒店违反了《食品安全法》的相关规定。

## 【我要提问】

食品盛放的容器应有怎样的卫生标准？

## 【专家说法】

《食品安全法》第三十三条第五项规定，餐具、饮具和盛放直接入口食品的容器，使用前应当洗净、消毒，炊具、用具用后应当洗净，保持清洁。由此可见，在本案例中，酒店相关人员在盛放饮料之前，应将容器洗干净，并要进行消毒，以保持容器的清洁和卫生。且该法第一百二十六条第五项规定，餐具、饮具和盛放直接入口食品的容器，使用前未经洗净、消毒或者清洗消毒不合格，或者餐饮服务设施、设备未按规定定期维护、清洗、校验，由县级以上人民政府食品药品监督管理部门责令改正，给予警告；拒不改正的，处五千元以上五万元以下罚款；情节严重的，责令停产停业，直至吊销许可证。可见，法律对违反该规定的行为做出了严格的规定，食品生产经营者如果违反该项规定，则要承担严重的行政责任。

## 【一句话点评】

食品的生产经营者需要严格依照法律的规定对盛放食品的容器进行处理，使其保持清洁卫生。

# 贮存食品过程中应注意什么问题?

蔬菜水果和生肉要分开放

## 【法律条文】

第三十三条　食品生产经营应当符合食品安全标准,并符合下列要求:

(六)贮存、运输和装卸食品的容器、工具和设备应当安全、无害,保持清洁,防止食品污染,并符合保证食品安全所需的温度、湿度等特殊要求,不得将食品与有毒、有害物品一同贮存、运输。

## 【案例解读】

某市一家专门生产冷鲜肉的公司凭借其高质量的产品获得了消费者很高的评价,拥有良好的信誉,并且销售量很大。其经常是将冷鲜肉卖给各地的销售商,然后销售商再销售给各个超市。2016年9月,销售商贾某购置了该公司的一批冷鲜肉。由于贾某刚刚成立店面,很多事情还不懂。在该公司的运输人员将冷鲜肉运送给他之后，本应该放在冷库里贮存。但是，贾某觉得已经是秋天了，很快就会把这些冷鲜肉送到各个超市。于是他为了省钱，就只是把冷鲜肉放在常温的柜子里。可是，当他把这些肉送到超市之后，经过超市工作人员的检验，发现这些肉已经变质，拒绝接收。为此，给贾某造成了很大的损失。贾某为自己没有按照规定进行操作的行为感到后悔。

## 【我要提问】

贮存食品过程中应注意什么问题?

## 【专家说法】

根据《食品安全法》第三十三条第六项的规定，贮存、运输和装卸食品的容器、工具和设备应当安全、无害，保持清洁，防止食品污染，并符合保证食品安全所需的温度、湿度等特殊要求，不得将食品与有毒、有害物品一同贮存、运输。尤其是对一些要求特殊温度、湿度的食品必须严格按照要求进行操作，否则，不仅可能会造成食品的安全问题，也可能给食品的生产经营者造成很大的损失。本案例中，贾某为了节约成本造成因为肉变质而无法销售，他的违规操作不仅给自己造成了损失，也影响了企业的声誉。而且如果超市的工作人员没有检测出来肉已经变质，而是销售出去，则后果不堪设想。所以，食品的生产经营者不仅要保证生产食品的安全性，在贮存食品的过程中也要按照规定进行操作。

**【一句话点评】**

贮存、运输和装卸食品的容器、工具和设备应当安全、无害，保持清洁，防止食品污染，并应符合保证食品安全所需的温度、湿度等特殊要求，不得将食品与有毒、有害物品一同贮存、运输。

# 直接入口食品的包装有什么要求吗?

## 【法律条文】

第三十三条  食品生产经营应当符合食品安全标准,并符合下列要求:

(七)直接入口的食品应当使用无毒、清洁的包装材料、餐具、饮具和容器。

第一百二十六条  违反本法规定,有下列情形之一的,由县级以上人民政府食品药品监督管理部门责令改正,给予警告;拒不改正的,处五千元以上五万元以下罚款;情节严重的,责令停产停业,直至吊销许可证:

(五)餐具、饮具和盛放直接入口食品的容器,使用前未经洗净、消毒或者清洗消毒不合格,或者餐饮服务设施、设备未按规定定期维护、清洗、校验。

## 【案例解读】

路边摊贩的食品包装袋要警惕。现在街边很多盛饭菜的透明状、很薄的袋子都是以PVC为原料加工而成。环保局的专家介绍,PVC多数是再生废料,包括工业和医药废料,这些塑料袋大多含有聚氯乙烯。聚氯乙烯是一种有毒化工原料,遇到酸性和油性物质,其有毒成分很容易被游离出来。如果接触热的食品,危害将更大。当温度超过50℃时,塑料袋里的有毒成分就会渗出,从而污染食物;当温度达到80℃,塑料袋会遇热熔解,释放出有毒害的物质。虽然这种危害一时看不出来,但长期使用必将引起慢性中毒。

## 【我要提问】

直接入口食品的包装有什么要求吗?

## 【专家说法】

《食品安全法》专门规定了直接入口食品的包装材料,该法第三十三条第七项规定,直接入口的食品应当使用无毒、清洁的包装材料、餐具、饮具和容器。由此可知,在对直接入口的食品进行包装时,应该使用无毒、清洁的包装材料或容器才符合食品安全标准。并且,该法第一百二十六条第五项对食品生产经营者的法律责任做出了明确的规定,即餐具、饮具和盛放直接入口食品的容器,使用前未经洗净、消毒或者清洗消毒不合格,或者餐饮服务设施、设备未按规定定期维护、清洗、校验,由县级以上人民政府食品药品监督管理部门责令改正,给予警告;拒不改正的,处五千元以上五万元以下罚款;情节严重的,责令停产停业,直至吊销许可证。可见,如果生产经营者违反此项规定,将会受到相应的行政处罚。本案例中,"马路摊贩"使用不合格的包装材料的行为已经违反了法律的规定,如果其不改正,将会受到法律的制裁。

## 【一句话点评】

食品的安全除了要保证食品本身的质量之外,还要注意使用清洁无毒的食品包装材料。

# 食品生产过程中，对食品的生产经营人员有哪些要求？

## 【法律条文】

**第三十三条**　食品生产经营应当符合食品安全标准，并符合下列要求：

（八）食品生产经营人员应当保持个人卫生，生产经营食品时，应当将手洗净，穿戴清洁的工作衣、帽等；销售无包装的直接入口食品时，应当使用无毒、清洁的容器、售货工具和设备。

## 【案例解读】

方女士下岗之后，为了补贴家用，考虑到自己会做各种各样的饼干，于是准备自己经营一家小食品店。起初，因为她店里的东西比较便宜，所以生意很好。可是，有一次，贾某来她的店里买饼干，看见店里没有人，就去制作饼干的厨房叫人，却无意中看到方女士在制作饼干时不仅不穿戴工作衣、帽，而且手刚摸了设备，就直接和面，这让贾某觉得很不卫生。而且很多顾客都反映该店在卖东西时，在没有戴手套的情况下就用夹子夹饼干，称饼干的秤也不卫生。因此，方女士的生意越来越差。方女士因此事内心很苦闷，便向她的一个朋友诉苦。她的朋友将原因告诉了她，并且告诉她这样是不符合食品安全标准的。于是她恍然大悟，平时只是觉得穿工作服、戴手套太麻烦了，因而忽略了这些事情。

## 【我要提问】

食品生产过程中，对食品的生产经营人员有哪些要求？

## 【专家说法】

根据《食品安全法》的规定，食品生产经营人员应当保持个人卫生，生产经营食品时，应当将手洗净，穿戴清洁的工作衣、帽等；销售无包装的直接入口食品时，应当使用无毒、清洁的容器、售货工具和设备。由此可知，食品经营人员因为要接触食品，保持个人卫生是必不可少的。同时，除了在生产过程中要符合一定的要求外，在销售直接入口的食品时也要使用无毒清洁的售货工具。本案例中，方女士不仅在制作食品过程中的行为没有达到食品安全标准的要求，而且在售货时也没有使用清洁的售货工具。因此，她应该改正自己的行为，达到法律规定的安全标准。

## 【一句话点评】

食品生产经营人员应当保持个人卫生，生产经营食品时，应当将手洗净，穿戴清洁的工作衣、帽等；销售无包装的直接入口食品时，应当使用无毒、清洁的容器、售货工具和设备。

# 生产食品的用水有什么标准?

## 【法律条文】

第三十三条　食品生产经营应当符合食品安全标准,并符合下列
要求:

(九)用水应当符合国家规定的生活饮用水卫生标准。

### 《生活饮用水卫生标准》

4 生活饮用水水质卫生要求

4.1 生活饮用水水质应符合下列基本要求,保证用户饮用安全。

4.1.1 生活饮用水中不得含有病原微生物。

4.1.2 生活饮用水中化学物质不得危害人体健康。

4.1.3 生活饮用水中放射性物质不得危害人体健康。

4.1.4 生活饮用水的感官性状良好。

4.1.5 生活饮用水应经消毒处理。

## 【案例解读】

某企业在生产虾仁的过程中，在对虾仁蒸煮时，所用的水不是干净的水，而是之前清洗虾仁的水。该企业认为，这样做可以节约用水，是对水资源的重复利用，用清洗虾仁的水把虾仁煮熟后，还会再经过其他的工序对虾仁进行消毒。该企业的做法对吗？

## 【我要提问】

生产食品的用水有什么标准？

## 【专家说法】

民以食为天，食品的安全是人类生存最基本的需要。因此，法律必须严格要求食品的安全，不仅要求食品本身要符合一定的标准，即便是生产食品的用水也要满足一定的要求。根据我国《食品安全法》第三十三条第九项的规定，生产食品的用水应当符合国家规定的生活饮用水的卫生标准。根据我国《生活饮用水卫生标准》的最新规定，其第四项规定了生活饮用水水质卫生的要求，即生活饮用水中不得含有病原微生物；生活饮用水中化学物质不得危害人体健康；生活饮用水中放射性物质不得危害人体健康；生活饮用水的感官性状良好；生活饮用水应经消毒处理。本案例中，该企业所用的水中可能含有一定的病原微生物，且没有经过消毒处理，没有达到生活饮用水的标准，所以其行为是不符合食品安全标准的。

【一句话点评】

　　生产经营者应依照法律严格要求食品的安全，不仅要求食品本身要符合一定的标准，即便是生产食品的用水也要满足一定的要求。

# 销售腐败变质食品需要承担法律责任吗？

这酱菜看起来不新鲜了

没有的事可新鲜了

## 【法律条文】

**第三十四条**  禁止生产经营下列食品、食品添加剂、食品相关产品：

（六）腐败变质、油脂酸败、霉变生虫、污秽不洁、混有异物、掺假掺杂或者感官性状异常的食品、食品添加剂；

**第一百四十八条**  消费者因不符合食品安全标准的食品受到损害的，可以向经营者要求赔偿损失，也可以向生产者要求赔偿损失。接到消费者赔偿要求的生产经营者，应当实行首负责任制，先行赔付，不得推诿；属于生产者责任的，经营者赔偿后有权向生产者追偿；属于经营者责任的，生产者赔偿后有权向经营者追偿。

生产不符合食品安全标准的食品或者经营明知是不符合食品安全标准的食品，消费者除要求赔偿损失外，还可以向生产者或者经营者要求支付价款十倍或者损失三倍的赔偿金；增加赔偿的金额不足一千元的，为一千元。但是，食品的标签、说明书存在不影响食品安全且不会对消费者造成误导的瑕疵的除外。

## 【案例解读】

2016 年 9 月，赵某因举办婚礼，在当地一家连锁超市购入了 3 箱火腿。后来在婚礼过程中，亲戚均向赵某反映火腿上有霉点，吃的时候有酸味。婚礼结束后，赵某发现火腿的确已经腐败变质，于是气愤地找到该超市，要求该超市按照规定给予 10 倍赔偿，但是该超市坚决不同意赵某的请求。赵某立即向市监督管理局进行举报，后来执法人员在调查过程中，发现该超市的库房仍存有大量过期火腿，经查证，该超市的违法行为事实清楚，证据确凿，故依法进行了立案查处。

## 【我要提问】

销售腐败变质食品需要承担法律责任吗？

## 【专家说法】

食品腐败变质是食品安全案例中经常出现的情形，变质食品中含有多种对人体有害的微生物，一旦人们食用了此种食品，可能会引起肠道不适，甚至是中毒反应。因此，各大生产经营商绝对不能生产销售腐败变质食品。我国《食品安全法》第三十四条也对此进行了明确，禁止生产经营腐败变质、油脂酸败、霉变生虫、污秽不洁、混有异物、掺假掺杂或者感官性状异常的食品、食品添加剂。本案例中，该超市在明知已经变质的情况下，依然进行销售，违反了《食品安全法》的规定，当地市监督管理局有权对其进行查处。同时，赵某购买的火腿由于变质没能食用，根据《食品安全法》第一百四十八条的规定，可以向经营者或者生产商要求赔偿损失，接到消费者赔偿要求的生产经营者，应当实行首负责任制，先行赔付，不得推诿。赵某除要求赔偿损失外，还可以向该超市要求支付价款十倍或者损失三倍的赔偿金；增加赔偿的金额不足一千元的，为一千元。

【一句话点评】

生产商及经营者应当密切关注生产经营的食品是否霉变，避免造成食品安全事故的发生。

# 销售病死猪肉应受到怎样的法律制裁？

## 【法律条文】

**第三十四条**　禁止生产经营下列食品、食品添加剂、食品相关产品：

（七）病死、毒死或者死因不明的禽、畜、兽、水产动物肉类及其制品。

### 《中华人民共和国刑法》

**第一百四十三条**　生产、销售不符合食品安全标准的食品，足以造成严重食物中毒事故或者其他严重食源性疾病的，处三年以下有期徒刑或者拘役，并处罚金；对人体健康造成严重危害或者有其他严重情节的，处三年以上七年以下有期徒刑，并处罚金；后果特别严重的，处七年以上有期徒刑或者无期徒刑，并处罚金或者没收财产。

## 【案例解读】

老王以贩卖猪肉为生。自 2016 年 3 月开始，该地因爆发瘟疫，很多村民家里的猪病死了，不得以就地深度掩埋了猪的尸体。在老王看来，这些死猪有着巨大的经济利益，如果从这些农户手里低价买来死猪，自行进行屠宰分割后，再以正常猪肉的价格卖出去，不到一年的时间就可以发家致富。于是老王从当地大型养殖户李某手中收购了一百多头死猪，请屠夫进行屠宰后，运到菜市场卖给多名小摊贩，同时老王还以低廉的价格和多家餐馆达成了长期供货协议。据统计，到案发为止，老王共获利 20 万元，给当地的食品安全秩序带来了很大的危害。老王的这种行为应受到怎样的法律制裁？

## 【我要提问】

销售病死猪肉应受到怎样的法律制裁？

## 【专家说法】

食用病死猪肉对人体的危害极大，人一旦吃了含有超标的有害病原微生物或其他污染物的猪肉，就有可能患上口蹄疫、寄生虫病等疾病。因此，国家对病死畜禽要求做到不准宰杀、食用和贩卖。我国《食品安全法》第三十四条也明确规定，禁止生产经营病死、毒死或者死因不明的禽、畜、兽、水产动物肉类及其制品。且《中华人民共和国刑法》也对此类违法行为做出了具体的惩处规定。

## 【一句话点评】

　　我国法院在判处生产销售病死猪肉犯罪案件时，强化打击力度，对造成人体健康严重危害以及销售金额巨大的犯罪分子依法严惩。

# 未经检疫合格的牛肉可以销售吗?

## 【法律条文】

第三十四条　禁止生产经营下列食品、食品添加剂、食品相关产品:

(八)未按规定进行检疫或者检疫不合格的肉类,或者未经检验或者检验不合格的肉类制品。

## 【案例解读】

2016年8月,某地食品药品监督管理局在当地菜市场进行检查的过程中,发现了摊位上的赵某正在叫卖牛肉,执法人员当即进行检查,发现赵某不能提供牛肉产品的有关检验检疫合格证明,涉嫌经营未经动物卫生监督机构检疫的牛肉,于是当即扣押了相关物品。经调查后得知,赵某于2016年3月12日在某村民家购买了一头活牛,圈养了一段时间后觉得养牛不划算，便想宰杀后到市场销售。于是当天赵某将活牛宰杀后，运到菜市物的摊位上销售，但未依法将牛肉送至当地的动物防疫站进行检疫。最终该局对赵某做出没收已查封扣押的牛肉和屠宰工具，没收非法所得 80 元，并处罚款 5000 元的行政处罚决定。

## 【我要提问】

未经检疫合格的牛肉可以销售吗？

## 【专家说法】

未经检疫的肉类产品来源不明，无法保证食用安全，其可能带有致病微生物或者有毒有害物质，一经食用，会严重损害人体健康。根据我国《食品安全法》第三十四条的规定，禁止生产经营未按规定进行检疫或者检疫不合格的肉类，或者未经检验或者检验不合格的肉类制品。本案例中，赵某未取得当地的动物防疫站检疫合格的证明即在市场上进行销售，是违反法律规定的行为，执法人员没收已查封扣押的问题牛肉和屠宰工具，没收非法所得 80 元，并处罚款 5000 元的行政处罚决定，符合《食品安全法》对处罚内容的具体规定。生活中，消费者在选购肉类产品时，不可一味地贪图便宜，应尽量选择大型商场、超市，理性消费。经营者在销售肉制品时，首先应当自觉接受检疫部门的检验，保证肉制品的质量安全。

## 【一句话点评】

禁止生产经营未按规定进行检疫或者检疫不合格的肉类，或者未经检验或者检验不合格的肉类制品。

# "药膳"的说法符合《食品安全法》的规定吗？

## 【法律条文】

第三十八条　生产经营的食品中不得添加药品，但是可以添加按照传统既是食品又是中药材的物质。按照传统既是食品又是中药材的物质目录由国务院卫生行政部门会同国务院食品药品监督管理部门制定、公布。

## 【案例解读】

2017年3月，某食品公司欲推出一款新的饮料，为了打开该饮料的市场，树立品牌，该公司聘请某当红明星担任代言人。为了提高销售量，该公司在这款饮料中添加了人参、百合、阿胶等数10种物质，并在广告中进行大力宣传，称这种饮料中添加了数10种中药材，具有活血化瘀、舒通经络、提高免疫的功效。因该公司成功抓住当下消费者注重养生的心理，所以这款饮料深受消费者的喜爱，大受好评。但有的消费者对此"药膳"饮料提出了异议。他们不知道此做法是否符合《食品安全法》的相关规定？

??

## 【我要提问】

"药膳"的说法符合《食品安全法》的规定吗？

## 【专家说法】

我国《食品安全法》第三十八条规定，生产经营的食品中不得添加药品，但是可以添加按照传统既是食品又是中药材的物质。这些传统既是食品又是中药材的物质目录由国务院卫生行政部门会同国务院食品药品监督管理部门制定、公布。也就是说，公司或企业可以销售具有药用价值的食品、饮品，但是这些"药膳"中添加的物质种类需要严格遵守法律的规定，不得将法律禁止食用的物质加入到这些"药膳"中。

## 【一句话点评】

"药膳"中添加的物质种类需要严格遵守法律的规定，不得将法律禁止食用的物质加入到这些"药膳"中。

# 食品添加剂有标准吗？

## 【法律条文】

**第三十四条**　禁止生产经营下列食品、食品添加剂、食品相关产品：

（二）致病性微生物，农药残留、兽药残留、生物毒素、重金属等污染物质以及其他危害人体健康的物质含量超过食品安全标准限量的食品、食品添加剂、食品相关产品。

**第一百二十四条**　违反本法规定，有下列情形之一，尚不构成犯罪的，由县级以上人民政府食品药品监督管理部门没收违法所得和违法生产经营的食品、食品添加剂，并可以没收用于违法生产经营的工具、设备、原料等物品；违法生产经营的食品、食品添加剂货值金额不足一万元的，并处五万元以上十万元以下罚款；货值金额一万元以上的，并处货值金额十倍以上二十倍以下罚款；情节严重的，吊销许可证：

（三）生产经营致病性微生物，农药残留、兽药残留、生物毒素、重金属等污染物质以及其他危害人体健康的物质含量超过食品安全标准限量的食品、食品添加剂。

## 【案例解读】

李某在2016年10月投资注册了自己的食品公司，并于11月正式运营。刚开始运营的前2个月，由于李某用心经营，管理得当，公司的销售业绩良好，深受消费者信赖。但在2017年3月，当地工商局响应上级的政策安排，对当地商家的食品卫生标准进行检查。该公司在接受检查时，被查出其使用的多种食品添加剂不符合国家规定的食品使用标准，工商局因此对李某做出了相应的处罚。李某很是疑惑："食品添加剂也有使用标准吗？"

## 【我要提问】

食品添加剂有标准吗？

## 【专家说法】

食品添加剂是为改善食品的色、香、味等品质，以及为防腐和加工工艺的需要而在食品中加入的人工合成的或者是天然的物质，一般不单独作为食品来食用。公众很容易将非法添加物和食品添加剂相混淆。其实，食品添加剂的使用不仅能促进食品加工业的发展，而且也给食品加工带来许多好处，如防止变质、改善食品感官性状等。我国《食品安全法》对食品添加剂使用标准进行了严格的规定。食品生产经营者应当按照食品安全国家标准使用食品添加剂。因此，在本案例中，李某在使用食品添加剂的过程中，应该严格遵守法律的规定，按照标准使用食品添加剂，否则会受到法律的相应处罚。

## 【一句话点评】

食品生产经营者应当按照食品安全国家标准使用食品添加剂。

# 食品安全全程追溯制度是怎么回事?

## 【法律条文】

**第四十二条**　国家建立食品安全全程追溯制度。

食品生产经营者应当依照本法的规定,建立食品安全追溯体系,保证食品可追溯。国家鼓励食品生产经营者采用信息化手段采集、留存生产经营信息,建立食品安全追溯体系。

国务院食品药品监督管理部门会同国务院农业行政等有关部门建立食品安全全程追溯协作机制。

## 【案例解读】

小姚是一名刚刚毕业的大学生,父母一直希望她能有份稳定的工作,或能像父母一样进入银行工作。但是,小姚却觉得银行的工作枯燥乏味,而且还要受到各种束缚,就没有听从父母的安排。由于小姚对蛋糕、面包等甜点很感兴趣,所以想自己开一家蛋糕店,自己当老板。对于做生意,小姚没有经验,为此她找了很多书籍来看,也经常在电视上看一些创业、美食等相关节目。偶然的一次,小姚在电视上看到法制频道在宣传《食品安全法》,其中提到了食品安全全程追溯制度。她对这个制度十分陌生,又想要深入了解一下,为自己开店做准备,于是便去找自己的律师朋友咨询。那么,食品安全全程追溯制度具体是什么呢?

## 【我要提问】

食品安全全程追溯制度是怎么回事？

## 【专家说法】

对食品安全的全程追溯是指对食品的生产、销售、餐饮服务等各个环节实施最严格的全过程管理，强化生产经营者主体责任，健全风险监测、评估和食品安全标准等制度，保证食品可追溯。对此，我国《食品安全法》第四十二条规定，国家建立食品安全全程追溯制度。食品生产经营者应当依照本法的规定，建立食品安全追溯体系，保证食品可追溯。国家鼓励食品生产经营者采用信息化手段采集、留存生产经营信息，建立食品安全追溯体系。国务院食品药品监督管理部门会同国务院农业行政等有关部门建立食品安全全程追溯协作机制。

## 【一句话点评】

食品安全全程追溯制度连接了生产、检验、监督和消费等各个环节，让消费者了解食品生产和流通的全过程，提高消费者对食品安全的放心程度。

# 什么是食品安全责任保险?

## 【法律条文】

第四十三条　地方各级人民政府应当采取措施鼓励食品规模化生产和连锁经营、配送。

国家鼓励食品生产经营企业参加食品安全责任保险。

## 【案例解读】

李某是一家食品店的老板。他经营这家食品店已经有10年了，在这期间他因食品安全问题出过许多次小事故，不仅支付了当事人大笔的赔偿金，还接受了工商部门的处罚，严重影响了店铺的生意。后来，他听人说可以投保食品安全责任保险。那么，什么是食品安全责任保险呢？

## 【我要提问】

什么是食品安全责任保险？

## 【专家说法】

　　食品安全责任保险是为了保护消费者及食品生产企业的合法权益，保障食品生产秩序和食品安全的一种保险。它是一种责任保险，由投保人、保险人在保险单中载明缴费方式。根据我国《食品安全法》第四十三条的规定，地方各级人民政府应当采取措施鼓励食品规模化生产和连锁经营、配送。国家鼓励食品生产经营企业参加食品安全责任保险。并且根据食品安全责任保险的规定，被保险人因疏忽或过失致使消费者食物中毒或其他食源性疾患等造成消费者人身损害或财产损失的。受害人或其代理人在保险期间内首次向被保险人提出索赔，依照法律规定应由被保险人承担的经济赔偿责任，由保险公司根据保险合同的规定，在约定的赔偿限额内负责赔偿。此外，被保险人因保险事故而被提起仲裁或者诉讼的，应由被保险人支付的仲裁或诉讼费用以及事先经保险公司书面同意支付的其他必要、合理的费用，由保险公司在保险合同约定的赔偿限额内负责赔偿。

## 【一句话点评】

　　国家鼓励食品生产经营企业参加食品安全责任保险。

# 在运输过程中变质的食品可以销售吗？

## 【法律条文】

第三十四条　禁止生产经营下列食品、食品添加剂、食品相关产品：

（九）被包装材料、容器、运输工具等污染的食品、食品添加剂。

第一百二十五条　违反本法规定，有下列情形之一的，由县级以上人民政府食品药品监督管理部门没收违法所得和违法生产经营的食品、食品添加剂，并可以没收用于违法生产经营的工具、设备、原料等物品；违法生产经营的食品、食品添加剂货值金额不足一万元的，并处五千元以上五万元以下罚款；货值金额一万元以上的，并处货值金额五倍以上十倍以下罚款；情节严重的，责令停产停业，直至吊销许可证：

（一）生产经营被包装材料、容器、运输工具等污染的食品、食品添加剂。

## 【案例解读】

市民王先生从某社区超市买的牛奶还在保质期内，结果发现其已经变质。于是他打通厂家的电话进行了投诉，而对方回应说："产品出厂前检查过没有问题，问题应该出在超市的销售环节，如保存温度过高等。"王先生又找到超市，结果对方却坚称不是自己的问题。厂家怪商家，商家又推厂家，到底该找谁负责呢？

## 【我要提问】

在运输过程中变质的食品可以销售吗？

## 【专家说法】

牛奶的质量、奶源、保质期限、外包装甚至是运输车辆，任何一个环节都可能导致牛奶受到污染，从而引发食品安全事故。根据我国《食品安全法》第三十四条的规定，禁止生产经营被包装材料、容器、运输工具等污染的食品、食品添加剂。生产经营中可能会出现各种意外，导致食品存在安全隐患。生产经营者一旦发现，则应当立即停止相关活动，而不能出于自身利益的考虑，罔顾食品安全。案例中，在安排运输牛奶时应当做到谨慎小心，及时排查问题牛奶，在未做到上述义务的情形下，根据《食品安全法》第一百二十五条的规定，生产经营者应受到行政处罚，同时承担民事侵权责任。

## 【一句话点评】

禁止生产经营被包装材料、容器、运输工具等污染的食品、食品添加剂。

# 在过期食品上修改生产日期应怎样处罚?

【法律条文】

**第三十四条** 禁止生产经营下列食品、食品添加剂、食品相关产品:

(十)标注虚假生产日期、保质期或者超过保质期的食品、食品添加剂。

**第一百二十四条** 违反本法规定,有下列情形之一,尚不构成犯罪的,由县级以上人民政府食品药品监督管理部门没收违法所得和违法生产经营的食品、食品添加剂,并可以没收用于违法生产经营的工具、设备、原料等物品;违法生产经营的食品、食品添加剂货值金额不足一万元的，并处五万元以上十万元以下罚款；货值金额一万元以上的，并处货值金额十倍以上二十倍以下罚款；情节严重的，吊销许可证：

（二）用超过保质期的食品原料、食品添加剂生产食品、食品添加剂，或者经营上述食品、食品添加剂。

## 【案例解读】

某公司是一家经营肉制品加工的公司。2017年2月，当地工商部门接到群众举报，称该公司将过期火腿重新打印生产日期后再次销售。执法人员立即到该公司进行突击检查。到了该公司的生产车间后，执法人员发现在另一个非常隐蔽的库房内，堆满了各种火腿肠、腊肉等包装食品，工人正在擦拭商品上的生产日期，然后用打码机、封装机等包装设备进行再次包装。据该公司的工人交代，这些商品包装上的生产日期早已经过期，为了节省成本，他们就将库存的产品拿出来，撕掉外包装，用打码机在空白食品袋上打上新的生产日期，进行重新包装。最后，工商部门将所有涉嫌违反《食品安全法》的肉制食品查扣，并将对这些肉制食品的流向做进一步调查。该公司应受到怎样的处罚？

## 【我要提问】

在过期食品上修改生产日期应怎样处罚？

## 【专家说法】

食品上的生产日期是商品在生产线上完成所有工序之后，经过检验并包装成为可以在市场上销售的成品时的日期和时间。它的主要目的在于提醒消费者在购买商品后根据生产日期的提示来食用，同时监督生产厂家和经营者是否按照法律规定，在生产日期的时间范围内进行生产和销售商品。根据我国《食品安全法》第三十四条的规定，禁止生产经营标注虚假生产日期、保质期或者超过保质期的食品、食品添加剂。本案例中，该公司撕掉已过期的火腿外包装，重新进行生产日期的喷码后继续销售，违反了法律规定，根据《食品安全法》第一百二十四条的规定，其应承担行政处罚。

## 【一句话点评】

食品的生产经营应严格遵照生产日期进行，生产销售过期食品不仅危害消费者的身体健康，也会影响企业自身的形象，还会受到法律的制裁。

# 消费者购买到无标签食品时怎样维权？

你的名称、规格、净含量、生产日期等一个都不能少

食品标签

食品

## 【法律条文】

**第三十四条** 禁止生产经营下列食品、食品添加剂、食品相关产品：

（十一）无标签的预包装食品、食品添加剂。

**第六十七条** 预包装食品的包装上应当有标签。标签应当标明下列事项：

（一）名称、规格、净含量、生产日期；

（二）成分或者配料表；

（三）生产者的名称、地址、联系方式；

（四）保质期；

（五）产品标准代号；

（六）贮存条件；

（七）所使用的食品添加剂在国家标准中的通用名称；

（八）生产许可证编号；

（九）法律、法规或者食品安全标准规定应当标明的其他事项。

**第一百四十八条**　生产不符合食品安全标准的食品或经营明知是不符合食品安全标准的食品，消费者除要求赔偿损失外，还可以向生产者或者经营者要求支付价款十倍或者损失三倍的赔偿金；增加赔偿的金额不足一千元的，为一千元。但是，食品的标签、说明书存在不影响食品安全且不会对消费者造成误导的瑕疵的除外。

## 【案例解读】

2017 年 1 月 11 日，魏大爷在其小区附近的一家专门经营进口食品的超市中购买了 5 瓶原产自泰国的一种饮料，总共花费了 180 元。过了几天，魏大爷才发现该饮料上的包装全部为英文，经翻译后了解到该饮料包装上的信息全部为描述该饮料的字样，并无成分或者配料表、生产者的地址、联系方式等信息。于是魏大爷将该超市告上了法庭，要求其根据《食品安全法》的规定进行 10 倍赔偿。

## 【我要提问】

消费者购买到无标签食品时怎样维权？

## 【专家说法】

食品标签是在食品的预包装上以文字、图形等来说明商品内容的物品，根据《食品安全法》的规定，预包装食品上的标签应当包含名称、规格、净含量、生产日期、成分或者配料表、保质期等内容。若预包装食品无标签，则应当禁止生产经营。且根据《食品安全法》第一百四十八条的规定，经营明知是不符合食品安全标准的食品，消费者除要求赔偿损失外，还可以向生产者或者经营者要求支付价款十倍或者损失三倍的赔偿金。但是食品的标签、说明书存在不影响食品安全且不会对消费者造成误导的瑕疵的除外。所以本案例中，若魏大爷能够证明该饮料存在影响食品安全且对其造成了误导，则可以要求 10 倍的赔偿金。

## 【一句话点评】

生产经营者必须要在包装食品的标签上标明食品成分、添加剂名称等事项，否则是违法的。在符合法律规定的前提下，消费者有权要求十倍的赔偿金。

# 加工农产品需要有生产经营许可吗？

## 【法律条文】

　　**第三十五条**　国家对食品生产经营实行许可制度。从事食品生产、食品销售、餐饮服务，应当依法取得许可。但是，销售食用农产品，不需要取得许可。

## 【案例解读】

　　孙某的家乡盛产葡萄，当地的很多人都和孙某一样，靠销售葡萄维持生计。但是由于销售葡萄的人越来越多，使同行竞争越来越激烈，孙某卖葡萄赚的钱也越来越少。后来孙某心想："为何不把葡萄进行加工，做成饮品进行销售呢？"于是孙某打算开一个饮料加工厂，便把前几年赚来的钱全部投入到该加工厂。就在孙某准备好材料去当地工商部门进行登记时，工作人员称孙某的材料中没有申请生产经营实行许可的部分内容，因此不能办理注册登记。而孙某很疑惑，不知道是否需要生产经营许可？

## 【我要提问】

　　加工农产品需要有生产经营许可吗？

## 【专家说法】

　　根据《食品安全法》第三十五条的规定，国家对食品生产经营实行许可制度。从事食品生产、食品销售、餐饮服务，应当依法取得许可。但是，销售食用农产品，不需要取得许可。该项规定主要是为了保证食品安全，对消费者负责。本案例中，孙某在销售葡萄时，因葡萄属于农作物，所以不需要取得许可。但是，孙某将葡萄加工成饮料，属于将食品进行生产加工，按照法律规定应当取得许可后才能进行销售。

## 【一句话点评】

食用农产品不同于预包装食品，无法通过标签、包装等来明示生产日期、保质期等重要信息，因此不需要取得许可。

# 学校门外的各种小吃摊，受《食品安全法》规范吗？

## 【法律条文】

第三十六条　食品生产加工小作坊和食品摊贩等从事食品生产经营活动，应当符合本法规定的与其生产经营规模、条件相适应的食品安全要求，保证所生产经营的食品卫生、无毒、无害，食品药品监督管理部门应当对其加强监督管理。

## 【案例解读】

通常学校周边都会有很多小吃摊，上课前或放学后，许多孩子都会买这些小吃来吃。然而，家长们却担心这些小吃摊的食品卫生、安全问题，认为孩子吃了这些"三无"食品肯定对健康有影响。由于流动小吃摊食品种类繁多，孩子购买方便且价格便宜，再加上部分家长因工作忙无法照顾孩子的早餐或中餐，而让孩子自己解决，于是路边小吃摊成了孩子们的首选。但路边摊流动性大，有关部门监管乏力，大多属小本无证经营，为追求更多盈利而对食品卫生和安全毫不顾忌，确实存在着极大的卫生安全隐患。小吃摊存在"大问题"，为了孩子的健康和未来，需加大力度予以整治，守护孩子们"舌尖"上的安全。

## 【我要提问】

学校门外的各种小吃摊，受《食品安全法》规范吗？

## 【专家说法】

我国《食品安全法》第三十六条规定，食品生产加工小作坊和食品摊贩等在从事食品生产经营活动，应当符合本法规定的与其生产经营规模、条件相适应的食品安全要求，保证所生产经营的食品卫生、无毒、无害，食品药品监督管理部门应当对其加强监督管理。此项规定的目的是规范这些食品摊贩在生产经营活动中，确保他们生产的食品达到法律规定的安全标准，保证消费者特别是学生们的生命健康，进而促进社会主义市场经济的健康、有序发展。

## 【一句话点评】

食品生产加工小作坊和食品摊贩等从事食品生产经营活动，应当符合本法规定的与其生产经营规模、条件相适应的食品安全要求，保证所生产经营的食品卫生、无毒、无害。

## 生产经营过程控制

# 在采购食品防腐剂时，食品生产者是否需要查验供货者的许可证？

## 【法律条文】

第五十条　食品生产者采购食品原料、食品添加剂、食品相关产品，应当查验供货者的许可证和产品合格证明；对无法提供合格证明的食品原料，应当按照食品安全标准进行检验；不得采购或者使用不符合食品安全标准的食品原料、食品添加剂、食品相关产品。

第一百二十六条　违反本法规定，有下列情形之一的，由县级以上人民政府食品药品监督管理部门责令改正，给予警告；拒不改正的，处五千元以上五万元以下罚款；情节严重的，责令停产停业，直至吊销许可证：

（三）食品、食品添加剂生产经营者进货时未查验许可证和相关证明文件，或者未按规定建立并遵守进货查验记录、出厂检验记录和销售记录制度。

## 【案例解读】

张先生是一家食品生产公司的经理，该公司需要采购一批防腐剂。当时，张先生的好朋友季先生说自己现在在出售防腐剂，让张先生购买他的产品。张先生觉得买谁的防腐剂都是一样，碍于朋友的情面，便选择了购买季先生的防腐剂。鉴于季先生是自己的好朋友，张先生在采购时没有查验其是否有产品的相关证明。后来，在食品生产的过程中，食品安全员发现这批防腐剂不符合安全标准。于是张先生向季先生询问这是怎么回事，季先生很抱歉地说自己没有获得相关的许可就生产并销售防腐剂。

## 【我要提问】

在采购食品防腐剂时，食品生产者是否需要查验供货者的许可证？

## 【专家说法】

我国《食品安全法》第五十条进行了专门规定，即食品生产者采购食品原料、食品添加剂、食品相关产品，应当查验供货者的许可证和产品合格证明；对无法提供合格证明的食品原料，应当按照食品安全标准进行检验；不得采购或者使用不符合食品安全标准的食品原料、食品添加剂、食品相关产品。由此可知，在进行采购时，检验供货者的相关许可证和产品合格证明是采购者的义务。食品安全关系着很多人的利益，无论在哪一个环节都不可掉以轻心。只有在每个环节都按照规定进行操作，才能够减少食品安全事故的发生。本案例中，张先生由于季先生是其好朋友，就没有检查他的相关许可证明，这种做法是错误的。正是由于他的疏忽才导致了所购买的防腐剂不合格。如果安全员未发现，一旦进入流通领域，后果不堪设想。且根据《食品安全法》第一百二十六条第三项的规定，食品、食品添加剂生产经营者进货时未查验许可证和相关证明文件，或者未按规定建立并遵守进货查验记录、出厂检验记录和销售记录制度的，由县级以上人民政府食品药品监督管理部门责令改正，给予警告；拒不改正的，处五千元以上五万元以下罚款；情节严重的，责令停产停业，直至吊销许可证。因此，张先生的行为会受到相应的行政处罚。

【一句话点评】

食品生产经营者不仅要对自己所生产的食品的质量负责，在采购食品的相关原料时，也要依照法律规定检验供货者的许可证和产品合格证。

# 食品生产企业能将未经检验的食品发往销售点吗？

## 【法律条文】

第五十二条　食品、食品添加剂、食品相关产品的生产者，应当按照食品安全标准对所生产的食品、食品添加剂、食品相关产品进行检验，检验合格后方可出厂或者销售。

第一百二十六条　违反本法规定，有下列情形之一的，由县级以上人民政府食品药品监督管理部门责令改正，给予警告；拒不改正的，处五千元以上五万元以下罚款；情节严重的，责令停产停业，直至吊销许可证：

（一）食品、食品添加剂生产者未按规定对采购的食品原料和生产的食品、食品添加剂进行检验。

## 【案例解读】

　　某食品有限公司是当地一家专门生产糕点的公司。2016年9月，由于中秋节快要到了，该公司接到了很多订单，为了能够及时为客户提供相应数量的产品，便加班加点进行生产。为了提高效率，准时向客户交货，该食品公司生产出来的月饼还未按照食品安全标准进行检验，就已经出厂销售了。事实上，其中有一种原料存在着问题，但因为这批月饼未经过检验，故该公司并没有发觉。很多消费者在买到月饼之后，发现有的月饼已经发霉了、变质了。很多消费者前来退货，并要求赔偿，给销售者造成了很大的损失。该食品公司的行为正确吗？

## 【我要提问】

　　食品生产企业能将未经检验的食品发往销售点吗？

## 【专家说法】

　　根据《食品安全法》第五十二条的规定，食品、食品添加剂、食品相关产品的生产者，应当按照食品安全标准对所生产的食品、食品添加剂、食品相关产品进行检验，检验合格后方可出厂或者销售。由此可知，食品及其相关的产品如果要出厂进行销售，其生产者必须按照相关的食品生产安全标准进行检验。没有经过检验的，是严禁出厂并销售的。如果销售未经检验合格的产品，则会受到相应的处罚。该法第一百二十六条对此做出了规定，即食品、食品添加剂生产者未按规定对采购的食品原料和生产的食品、食品添加剂进行检验的，由县级以上人民政府食品药品监督管理部门责令改正，给予警告；拒不改正的，处五千元以上五万元以下罚款；情节严重的，责令停产停业，直至吊销许可证。本案例中，该公司将未经检验合格的月饼出厂发往销售点的行为是违法的，要承担相应的法律责任。

## 【一句话点评】

任何食品未经检验都不能销售。

# 学校食堂应该如何保证师生安全与卫生地用餐？

## 【法律条文】

第五十七条  学校、托幼机构、养老机构、建筑工地等集中用餐单位的食堂应当严格遵守法律、法规和食品安全标准；从供餐单位订餐的，应当从取得食品生产经营许可的企业订购，并按照要求对订购的食品进行查验。供餐单位应当严格遵守法律、法规和食品安全标准，当餐加工，确保食品安全。

学校、托幼机构、养老机构、建筑工地等集中用餐单位的主管部门应当加强对集中用餐单位的食品安全教育和日常管理，降低食品安全风险，及时消除食品安全隐患。

**第一百二十六条** 违反本法规定，有下列情形之一的，由县级以上人民政府食品药品监督管理部门责令改正，给予警告；拒不改正的，处五千元以上五万元以下罚款；情节严重的，责令停产停业，直至吊销许可证：

（十二）学校、托幼机构、养老机构、建筑工地等集中用餐单位未按规定履行食品安全管理责任。

## 【案例解读】

赵某承包经营了一家私立学校的食堂。开始赵某诚实经营，但是后来赵某发现挣钱不多，于是就节约成本，把2个打扫卫生的阿姨辞退了。小阮和小王都是该学校的学生。2016年11月的一天上午，他们去学校食堂吃饭，小王买了碗糯米饭在食堂内吃，小阮则将糯米饭打包带到教室。到教室后不久，小阮吃起了糯米饭，吃了一口后发现饭内有一只苍蝇。小阮顿时感到一阵恶心，丢下糯米饭跑到外面去呕吐。小阮下午把这件事情告诉了校长，校长赶紧召集有关人员开会，会上大家一致决定把赵某辞退。

## 【我要提问】

学校食堂应该如何保证师生安全与卫生地用餐？

## 【专家说法】

《食品安全法》第五十七条规定，学校、托幼机构、养老机构、建筑工地等集中用餐单位的食堂应当严格遵守法律、法规和食品安全标准；从供餐单位订餐的，应当从取得食品生产经营许可的企业订购，并按照要求对订购的食品进行查验。供餐单位应当严格遵守法律、法规和食品安全标准，当餐加工，确保食品安全。学校、托幼机构、养老机构、建筑工地等集中用餐单位的主管部门应当加强对集中用餐单位的食品安全教育和日常管理，降低食品安全风险，及时消除食品安全隐患。

学校、托幼机构、建筑工地等集中用餐单位的食品安全关系着很多人的健康甚至是生命安全，因此，这些用餐单位的食堂必须严格按照食品的安全标准进行生产。同时，相关的主管部门也要依照规定进行管理，如果其未依法履行职责，则要受到行政处罚，承担相应的法律责任。

且该法第一百二十六条第十二项对此专门做出了规定，即学校、托幼机构、养老机构、建筑工地等集中用餐单位未按规定履行食品安全管理责任的，由县级以上人民政府食品药品监督管理部门责令改正，给予警告；拒不改正的，处五千元以上五万元以下罚款；情节严重的，责令停产停业，直至吊销许可证。

## 【一句话点评】

学校、托幼机构、养老机构、建筑工地等集中用餐单位的食堂应当严格遵守法律、法规和食品安全标准。

# 消毒服务单位的相关设备、场所要符合相关的食品安全标准吗？

餐具消毒

## 【法律条文】

第五十八条 餐具、饮具集中消毒服务单位应当具备相应的作业场所、清洗消毒设备或者设施，用水和使用的洗涤剂、消毒剂应当符合相关食品安全国家标准和其他国家标准、卫生规范。

餐具、饮具集中消毒服务单位应当对消毒餐具、饮具进行逐批检验，检验合格后方可出厂，并应当随附消毒合格证明。消毒后的餐具、饮具应当在独立包装上标注单位名称、地址、联系方式、消毒日期以及使用期限等内容。

第一百二十六条 餐具、饮具集中消毒服务单位违反本法规定用水，使用洗涤剂、消毒剂，或者出厂的餐具、饮具未按规定检验合格并随附消毒合格证明，或者未按规定在独立包装上标注相关内容的，由县级以上人民政府卫生行政部门依照前款规定给予处罚。

## 【案例解读】

　　某县的一家消毒服务单位由于春节的时候业务量很大，没有办法及时将所有的餐具进行消毒。而张某的饭店又着急使用餐具，于是，张某便将自己的餐具送到另一家消毒单位进行消毒。然而，让张某出乎意料的是，虽然此公司的费用比之前那家公司低，但是他们并没有相应的清洗消毒设备，而且在将餐具消毒完毕之后，上面也没有消毒合格证明，张某该怎么做呢？

## 【我要提问】

　　消毒服务单位的相关设备、场所要符合相关的食品安全标准吗？

## 【专家说法】

　　我国《食品安全法》第五十八条明确规定，餐具、饮具集中消毒服务单位应当具备相应的作业场所、清洗消毒设备或者设施，用水和使用的洗涤剂、消毒剂应当符合相关食品安全国家标准和其他国家标准、卫生规范。餐具、饮具集中消毒服务单位应当对消毒餐具、饮具进行逐批检验，检验合格后方可出厂，并应当随附消毒合格证明。消毒后的餐具、饮具应当在独立包装上标注单位名称、地址、联系方式、消毒日期以及使用期限等内容。由此可知，不仅要求食品生产经营者的食品符合安全标准，为保证食品的安全，相应的服务单位也要遵守相应的规定，其消毒设备、服务场所也必须要符合食品的安全标准。如果未按照法律进行操作的，则要承担相应的法律责任。本案例中，该公司没有相关的清洗消毒设备，且消毒后的独立包装上也没有标注本公司的相关信息，均是不符合法律规定的。

**【一句话点评】**

　　餐饮的安全不仅需要餐饮服务提供者来保证，餐饮用具的消毒单位也必须达到一定的标准。

# 柜台的出租者有义务保障食品安全吗?

## 【法律条文】

**第六十一条**  集中交易市场的开办者、柜台出租者和展销会举办者，应当依法审查入场食品经营者的许可证，明确其食品安全管理责任，定期对其经营环境和条件进行检查，发现其有违反本法规定行为的，应当及时制止并立即报告所在地县级人民政府食品药品监督管理部门。

**第一百三十条**  违反本法规定，集中交易市场的开办者、柜台出租者、展销会的举办者允许未依法取得许可的食品经营者进入市场销售食品，或者未履行检查、报告等义务的，由县级以上人民政府食品药品监督管理部门责令改正，没收违法所得，并处五万元以上二十万元以下罚款；造成严重后果的，责令停业，直至由原发证部门吊销许可证；使消费者的合法权益受到损害的，应当与食品经营者承担连带责任。

## 【案例解读】

王某承租某百货公司一个摊位出售猪肉。他自称所出售的猪肉是某知名品牌的冷鲜肉。事实上，王某出售的猪肉不但不是该品牌的冷鲜肉，而且很多是快要变质的猪肉。一次，工商部门来进行检查时，发现王某并没有取得经营许可证。原来，该百货公司在将柜台租售给王某时，并没有检查他的相关证明文件。当工商部门对该百货公司进行处罚时，该百货公司认为自己只是柜台的出租者，并没有责任检查承租者的许可证。该百货公司的做法对吗？

## 【我要提问】

柜台的出租者有义务保障食品安全吗?

## 【专家说法】

根据《食品安全法》第六十一条的规定,集中交易市场的开办者、柜台出租者和展销会举办者,应当依法审查入场食品经营者的许可证,明确其食品安全管理责任,定期对其经营环境和条件进行检查,发现其有违反本法规定行为的,应当及时制止并立即报告所在地县级人民政府食品药品监督管理部门。由此可见,法律要求柜台的出租者履行保障食品安全的义务,在其出租柜台时,必须要依法审查食品经营者的许可证,并依法定期对其进行检查,保证食品符合安全标准。在本案例中,由于百货公司没有审查张某的许可证,导致他出售存在质量问题的猪肉。对此,依照该法第一百三十条的规定,该百货公司会被相关的部门处以罚款,甚至是停业或吊销许可证。如果损害了消费者的合法权益,该百货公司要依法承担连带责任。

## 【一句话点评】

柜台的出租者也有义务保证食品的安全。在出租柜台时,柜台的出租者必须对经营者的相关证明文件进行检查。

# 提供网络食品交易者有责任保证入网食品的安全吗?

## 【法律条文】

第六十二条　网络食品交易第三方平台提供者应当对入网食品经营者进行实名登记,明确其食品安全管理责任;依法应当取得许可证的,还应当审查其许可证。

网络食品交易第三方平台提供者发现入网食品经营者有违反本法规定行为的,应当及时制止并立即报告所在地县级人民政府食品药品监督管理部门;发现严重违法行为的,应当立即停止提供网络交易平台服务。

第一百三十一条　违反本法规定,网络食品交易第三方平台提供者未对入网食品经营者进行实名登记、审查许可证,或者未履行报告、停止提供网络交易平台服务等义务的,由县级以上人民政府食品药品监督管理部门责令改正,没收违法所得,并处五万元以上二十万元以下罚款;造成严重后果的,责令停业,直至由原发证部门吊销许可证;使消费者的合法权益受到损害的,应当与食品经营者承担连带责任。

消费者通过网络食品交易第三方平台购买食品，其合法权益受到损害的，可以向入网食品经营者或者食品生产者要求赔偿。网络食品交易第三方平台提供者不能提供入网食品经营者的真实名称、地址和有效联系方式的，由网络食品交易第三方平台提供者赔偿。网络食品交易第三方平台提供者赔偿后，有权向入网食品经营者或者食品生产者追偿。网络食品交易第三方平台提供者做出更有利于消费者承诺的，应当履行其承诺。

## 【案例解读】

某网站专门用来在网上帮助各个商家出售各种食品。2015 年 9 月，王某准备在该网站上出售某品牌的罐头。但在王某入网不久后，便因为其出售的罐头存在质量问题，遭到很多消费者的举报。当工商部门找到网站，查阅相关资料时，发现网站负责人并不知道王某的真实姓名，也从来没有审查过他的许可证。该网站认为自己只是帮助王某在网上卖食品，定期收取一定的费用，并没有责任对王某的食品安全负责。该网站的这种做法对吗？

## 【我要提问】

提供网络食品交易者有责任保证入网食品的安全吗？

## 【专家说法】

根据《食品安全法》第六十二条的规定，网络食品交易第三方平台提供者应当对入网食品经营者进行实名登记，明确其食品安全管理责任；依法应当取得许可证的，还应当审查其许可证。网络食品交易第三方平台提供者发现入网食品经营者有违反本法规定行为的，应当及时制止并立即报告所在地县级人民政府食品药品监督管理部门；发现严重违法行为的，应当立即停止提供网络交易平台服务。因此，网络食品交易第三方平台的提供者有义务保证入网食品的安全。本案例中，该网站不仅未审查入网者的许可证，而且也没有对其进行实名登记，这种行为是严重违法的，使消费者的食品安全处于不稳定的状态，很可能在发生食品安全事故后，无法追究责任人。因此，为了强制入网经营者依法履行自己的义务，该法第一百三十一条规定了此种违法行为的法律后果。

## 【一句话点评】

网络交易平台的第三方有责任对入网食品的安全性进行审查。

# 在发现食品不符合食品安全标准时，食品经营者应怎么办？

## 【法律条文】

第六十三条 国家建立食品召回制度。食品生产者发现其生产的食品不符合食品安全标准或者有证据证明可能危害人体健康的，应当立即停止生产，召回已经上市销售的食品，通知相关生产经营者和消费者，并记录召回和通知情况。

食品经营者发现其经营的食品有前款规定情形的，应当立即停止经营，通知相关生产经营者和消费者，并记录停止经营和通知情况。食品生产者认为应当召回的，应当立即召回。由于食品经营者的原因造成其经营的食品有前款规定情形的，食品经营者应当召回。

**第一百二十四条**　违反本法规定，有下列情形之一，尚不构成犯罪的，由县级以上人民政府食品药品监督管理部门没收违法所得和违法生产经营的食品、食品添加剂，并可以没收用于违法生产经营的工具、设备、原料等物品；违法生产经营的食品、食品添加剂货值金额不足一万元的，并处五万元以上十万元以下罚款；货值金额一万元以上的，并处货值金额十倍以上二十倍以下罚款；情节严重的，吊销许可证：

（九）食品生产经营者在食品药品监督管理部门责令其召回或者停止经营后，仍拒不召回或者停止经营。

## 【案例解读】

某食品有限公司是一家专门制作香肠的公司，该公司的产品不仅在本市供应，而且也销往市外。2016 年 12 月，该公司的食品安全员突然发现该公司生产香肠所用的原料有的已经变质，但在生产时并未注意，而且用这些原料生产出来的一批产品已经销售出去了。消费者食用该批香肠之后，很可能会出现腹泻。于是，安全员立刻向该公司的总经理说明了此问题。总经理认为食品已经销往市外了，况且数量又不是很大，仅仅造成消费者腹泻而已，应该没什么问题。该总经理的做法正确吗？

## 【我要提问】

在发现食品不符合食品安全标准时，食品经营者应怎么办？

## 【专家说法】

如果食品经营者发现食品不符合安全标准时应该及时召回，最大限度地降低损害。我国《食品安全法》第六十三条做出了明确的规定，即国家建立食品召回制度。食品生产者发现其生产的食品不符合食品安全标准或者有证据证明可能危害人体健康的，应当立即停止生产，召回已经上市销售的食品，通知相关生产经营者和消费者，并记录召回和通知情况。食品经营者发现其经营的食品有前款规定情形的，应当立即停止经营，通知相关生产经营者和消费者，并记录停止经营和通知情况。食品生产者认为应当召回的，应当立即召回。由于食品经营者的原因造成其经营的食品有前款规定情形的，食品经营者应当召回。由此可知，本案例中，该公司正确的做法是召回已经销售的食品，通知相关的食品经营者和消费者，并做好记录，而不是采取听之任之的态度，这是一种对消费者不负责任的表现。如果相关部门要求召回这批不合格产品，而其仍不召回，则要受到严厉的处罚，除罚款之外，甚至会被责令停业或者吊销许可证。

## 【一句话点评】

　　食品的生产经营企业在发现食品不符合食品安全标准，有害人体健康时，应该及时采取召回措施。

# 食品经营者在进货时需要检查食品的合格证明文件吗？

我们都有身份证！

## 【法律条文】

**第五十三条**  食品经营者采购食品，应当查验供货者的许可证和食品出厂检验合格证或者其他合格证明（以下称合格证明文件）。

食品经营企业应当建立食品进货查验记录制度，如实记录食品的名称、规格、数量、生产日期或者生产批号、保质期、进货日期以及供货者名称、地址、联系方式等内容，并保存相关凭证。记录和凭证保存期限应当符合本法第五十条第二款的规定。

**第一百二十六条**  违反本法规定，有下列情形之一的，由县级以上人民政府食品药品监督管理部门责令改正，给予警告；拒不改正的，处五千元以上五万元以下罚款；情节严重的，责令停产停业，直至吊销许可证：

（三）食品、食品添加剂生产经营者进货时未查验许可证和相关证明文件，或者未按规定建立并遵守进货查验记录、出厂检验记录和销售记录制度。

## 【案例解读】

陈某是当地一家大型连锁超市负责采购的经理。2017年2月，该超市准备进购一批食用醋。由于原来的供货商家进货价格提高，陈某便打算另寻合作伙伴。经陈某朋友的介绍，他决定与当地的另外一家食用醋生产公司进行合作，准备购买该公司的食用醋。由于工作疏忽，陈某在进货时没有查验该公司的食品合格证明文件。在该公司将食用醋送来时，该超市就直接接收了。一段时间过后，该食用醋生产公司因为生产的食用醋不符合食品安全标准而被工商局责令停业，并被曝光。而该超市进购的这批食用醋卖不出去，给超市造成了重大的损失，让陈某后悔不已。

## 【我要提问】

食品经营者在进货时需要检查食品的合格证明文件吗？

## 【专家说法】

根据《食品安全法》第五十三条的规定，食品经营者采购食品，应当查验供货者的许可证和食品出厂检验合格证或者其他合格证明（以下称合格证明文件）。食品经营企业应当建立食品进货查验记录制度，如实记录食品的名称、规格、数量、生产日期或者生产批号、保质期、进货日期以及供货者名称、地址、联系方式等内容，并保存相关凭证。记录和凭证保存期限应当符合本法第五十条第二款的规定，否则要承担相应的法律责任。由此可见，为保证食品的安全，食品经营者在进货时必须要查验食品的相关合格证明文件。本案例中，正是因为陈某在进货时没有检查食品的合格证明文件，才给超市带来了巨大的损失。

【一句话点评】

　　食品的生产经营者在进货时必须要检验相关的食品合格证明文件，保证食品的安全，食品生产经营者必须依法履行该义务。

# 食品经营者需要怎样贮存食品?

## 【法律条文】

**第五十四条**　食品经营者应当按照保证食品安全的要求贮存食品,定期检查库存食品,及时清理变质或者超过保质期的食品。

食品经营者贮存散装食品,应当在贮存位置标明食品的名称、生产日期或者生产批号、保质期、生产者名称及联系方式等内容。

**第一百二十六条**　违反本法规定,有下列情形之一的,由县级以上人民政府食品药品监督管理部门责令改正,给予警告;拒不改正的,处五千元以上五万元以下罚款;情节严重的,责令停产停业,直至吊销许可证:

(十一)食品生产经营者未定期对食品安全状况进行检查评价,或者生产经营条件发生变化,未按规定处理。

**第一百四十八条**　生产不符合食品安全标准的食品或者经营明知是不符合食品安全标准的食品,消费者除要求赔偿损失外,还可以向生产者或者经营者要求支付价款十倍或者损失三倍的赔偿金;增加赔偿的金额不足一千元的,为一千元。但是,食品标签、说明书存在不影响食品安全且不会对消费者造成误导的瑕疵的除外。

## 【案例解读】

2015 年 10 月,李某在某商场购买了一种真空包装食品。后来,李某发现该食品违反了《鲜、冻动物性水产品卫生标准》关于该类商品保质期 9 个月的规定,而将保质期标注为 12 个月,遂向法院起诉,要求商场退货并要求 10 倍赔偿。商场辩称,其作为销售者已经尽到了《食品安全法》规定的严格审查义务,不存在主观故意和过失,不应当承担相关法律责任。庭审中，商场未举证证明其已经尽到严格审查义务，最终法院判决商场退还商品价款并支付李某 10 倍的赔偿金。

【 我要提问 】

食品经营者需要怎样贮存食品？

【 专家说法 】

我国《食品安全法》第五十四条明确规定，即食品经营者应当按照保证食品安全的要求贮存食品，定期检查库存食品，及时清理变质或者超过保质期的食品。食品经营者贮存散装食品，应当在贮存位置标明食品的名称、生产日期或者生产批号、保质期、生产者名称及联系方式等内容。同时，该法第一百二十六条规定，食品生产经营者未定期对食品安全状况进行检查评价，或者生产经营条件发生变化，未按规定处理的，由县级以上人民政府食品药品监督管理部门责令改正，给予警告；拒不改正的，处五千元以上五万元以下罚款；情节严重的，责令停产停业，直至吊销许可证。本案例中，正是由于该商场未按照规定定期对库存的食品进行检查，才导致将已经过期的产品销售出去，此时该商场除了赔偿消费者损失外，还要承担相应的法律责任。

【 一句话点评 】

食品经营者应当按照保证食品安全的要求贮存食品，定期检查库存食品，及时清理变质或者超过保质期的食品。

# "僵尸牛肉"作为原料，合法吗？

## 【法律条文】

**第五十五条**　餐饮服务提供者应当制定并实施原料控制要求，不得采购不符合食品安全标准的食品原料。倡导餐饮服务提供者公开加工过程，公示食品原料及其来源等信息。

餐饮服务提供者在加工过程中应当检查待加工的食品及原料，发现有本法第三十四条第六项规定情形的，不得加工或者使用。

**第一百二十五条**　违反本法规定，有下列情形之一的，由县级以上人民政府食品药品监督管理部门没收违法所得和违法生产经营的食品、食品添加剂，并可以没收用于违法生产经营的工具、设备、原料等物品；违法生产经营的食品、食品添加剂货值金额不足一万元的，并处五千元以上五万元以下罚款；货值金额一万元以上的，并处货值金额五倍以上十倍以下罚款；情节严重的，责令停产停业，直至吊销许可证：

（四）食品生产经营者采购或者使用不符合食品安全标准的食品原料、食品添加剂、食品相关产品。

## 【案例解读】

某市一家快餐店的土豆烧牛肉外焦里嫩，味道很好，在当地很受欢迎。2017年1月，该店的老板王某准备购买一批牛肉，王某的一个好朋友李某告诉他可以帮忙联系到一家售价很便宜的牛肉店。李某称该家牛肉的价格是原来王某所购买的牛肉价格的1/3，原因是该家牛肉一直在冷冻，所以售价比较低。王某顿时觉得很划算，他认为牛肉只是不新鲜，但没有变质，而且自己家做的是快餐，也不会被发现。

因此，王某便购买了一批"僵尸牛肉"作为原料。同年3月，王某的行为被举报并被查处。

## 【我要提问】

"僵尸牛肉"作为原料，合法吗？

## 【专家说法】

根据《食品安全法》第五十五条的规定，餐饮服务提供者应当制定并实施原料控制要求，不得采购不符合食品安全标准的食品原料。倡导餐饮服务提供者公开加工过程，公示食品原料及其来源等信息。餐饮服务提供者在加工过程中应当检查待加工的食品及原料，发现有本法第三十四条第六项规定情形的，不得加工或者使用。由此得知，餐饮服务者在制作食品的过程中，其原料必须要符合食品的安全标准。严禁使用腐败变质、油脂酸败、霉变生虫、污秽不洁、混有异物、掺假掺杂或者感官性状异常的食品、食品添加剂。食品生产经营者采购或者使用不符合食品安全标准的食品原料、食品添加剂、食品相关产品，由县级以上人民政府食品药品监督管理部门没收违法所得和违法生产经营的食品、食品添加剂，并可以没收用于违法生产经营的工具、设备、原料等物品；违法生产经营的食品、食品添加剂货值金额不足一万元的，并处五千元以上五万元以下罚款；货值金额一万元以上的，并处货值金额五倍以上十倍以下罚款；情节严重的，责令停产停业，直至吊销许可证。本案例中，王某购进的"僵尸牛肉"存在严重的食品安全问题，如果一旦被消费者食用，则很可能会危害消费者健康甚至威胁到其生命。依照该法相关的法律规定，王某的行为会受到相应的行政处罚，情节严重的，会被责令停产停业。

**【一句话点评】**

食品的生产经营者应该严格依照食品的安全标准生产食品，任何相关的违法行为都会得到严厉的制裁。

# 饭店使用未经消毒的餐具违法吗?

## 【法律条文】

**第五十六条**　餐饮服务提供者应当定期维护食品加工、贮存、陈列等设施、设备;定期清洗、校验保温设施及冷藏、冷冻设施。

餐饮服务提供者应当按照要求对餐具、饮具进行清洗消毒,不得使用未经清洗消毒的餐具、饮具;餐饮服务提供者委托清洗消毒餐具、饮具的,应当委托符合本法规定条件的餐具、饮具集中消毒服务单位。

**第一百二十六条**　违反本法规定,有下列情形之一的,由县级以上人民政府食品药品监督管理部门责令改正,给予警告;拒不改正的,处五千元以上五万元以下罚款;情节严重的,责令停产停业,直至吊销许可证:

(五)餐具、饮具和盛放直接入口食品的容器,使用前未经洗净、消毒或者清洗消毒不合格,或者餐饮服务设施、设备未按规定定期维护、清洗、校验。

## 【案例解读】

李某决定自己开一家饭店。饭店开业之后生意很好,可是唯一的缺点是店里的餐具从来不进行消毒,都是自己随便清洗。在工商部门对饭店的卫生进行检查时,该饭店因为餐具没有消毒而受到相应的处罚。而李某在被处罚之后,心里很不服气,觉得餐具洗干净就好了,不一定要进行消毒。

## 【我要提问】

饭店使用未经消毒的餐具违法吗？

## 【专家说法】

我国《食品安全法》第五十六条规定，餐饮服务提供者应当按照要求对餐具、饮具进行清洗消毒，不得使用未经清洗消毒的餐具、饮具；餐饮服务提供者委托清洗消毒餐具、饮具的，应当委托符合本法规定条件的餐具、饮具集中消毒服务单位。因此，饭店的餐具必须进行消毒，即便其委托消毒服务单位，在进行选择时也要选择符合条件的单位，否则也是违法的。且该法第一百二十六条第五项规定，餐具未经清洗消毒使用的，依据情节的轻重，由县级以上的人民政府对餐饮服务的提供者做出警告、罚款甚至是停产停业或吊销许可证的处罚决定。本案例中，李某的饭店没有按照规定对餐具进行消毒的行为是违法的，理应受到相关部门的处罚。

## 【一句话点评】

饭店的餐具必须进行消毒，未经消毒不得使用。

# 已经召回的不合格食品可以再次销售吗？

## 【法律条文】

第六十三条　食品生产经营者应当对召回的食品采取无害化处理、销毁等措施，防止其再次流入市场。但是，对因标签、标志或者说明书不符合食品安全标准而被召回的食品，食品生产者在采取补救措施且能保证食品安全的情况下可以继续销售；销售时应当向消费者明示补救措施。

食品生产经营者应当将食品召回和处理情况向所在地县级人民政府食品药品监督管理部门报告；需要对召回的食品进行无害化处理、销毁的，应当提前报告时间、地点。食品药品监督管理部门认为必要的，可以实施现场监督。

　　食品生产经营者未依照本条规定召回或者停止经营的，县级以上人民政府食品药品监督管理部门可以责令其召回或者停止经营。

## 【案例解读】

　　某市一家食品公司生产的烧鸡主要销往外地，因此一般烧鸡在做出来之后需要进行真空包装。2016 年 8 月，该公司因为真空包装出现了问题，而当时的天气炎热，导致很多烧鸡变质。开始的时候该公司并不知情，后来在某销售者对货物进行检验时才发现。在发现自己生产的烧鸡出现质量问题之后，该公司立即召回问题商品。可是，该公司在召回该批烧鸡之后，为了减轻公司的损失，对该批烧鸡再次进行真空包装之后销售出去，这种做法对吗？

?? 

## 【我要提问】

已经召回的不合格食品可以再次销售吗？

## 【专家说法】

　　我国《食品安全法》第六十三条规定，食品生产经营者应当对召回的食品采取无害化处理、销毁等措施，防止其再次流入市场。但是，对因标签、标志或者说明书不符合食品安全标准而被召回的食品，食品生产者在采取补救措施且能保证食品安全的情况下可以继续销售；销售时应当向消费者明示补救措施。食品生产经营者应当将食品召回和处理情况向所在地县级人民政府食品药品监督管理部门报告；需要对召回的食品进行无害化处理、销毁的，应当提前报告时间、地点。食品药品监督管理部门认为必要的，可以实施现场监督。本案例中，该公司应该对召回的烧鸡采取无害化处理或者销毁等措施，为了保障消费者的食品安全，严禁其再次流向市场。只有在标签、标志等不符合食品安全标准时才可以进行二次销售。同时，其应该将召回情况向当地的食品监督管理部门进行报告。

## 【一句话点评】

食品生产者已经召回的不合格食品是不能进行再次销售的。

# 食用农产品销售者需要做进货查验记录吗？

进货检验和出厂检验很重要

## 【法律条文】

第六十五条　食用农产品销售者应当建立食用农产品进货查验记录制度，如实记录食用农产品的名称、数量、进货日期以及供货者名称、地址、联系方式等内容，并保存相关凭证。记录和凭证保存期限不得少于六个月。

第一百二十六条　违反本法规定，有下列情形之一的，由县级以上人民政府食品药品监督管理部门责令改正，给予警告；拒不改正的，处五千元以上五万元以下罚款；情节严重的，责令停产停业，直至吊销许可证：

（三）食品、食品添加剂生产经营者进货时未查验许可证和相关证明文件，或者未按规定建立并遵守进货查验记录、出厂检验记录和销售记录制度。

## 【案例解读】

王某经营了一家水果店，他经常从该县的农民那里直接进货。他觉得自己卖的只是水果，而且是从农民那里直接进购的，因此没有必要做食品进货查验记录。后来，工商部门进行检查时，发现他没有相关的进货查验记录，便对他做出了警告的行政处罚决定。这使他感到很疑惑，他觉得自己卖的只是食用的农产品，也没有经过加工，只要自己进货时没有质量问题就行了，为什么还需要做进货查验记录呢？

## 【我要提问】

食用农产品销售者需要做进货查验记录吗？

## 【专家说法】

根据我国《食品安全法》第六十五条的规定，食用农产品销售者应当建立食用农产品进货查验记录制度，如实记录食用农产品的名称、数量、进货日期以及供货者名称、地址、联系方式等内容，并保存相关凭证。记录和凭证保存期限不得少于六个月。由此可知，即便是食用农产品，也是需要进货查验记录的。因为只有进行了进货查验记录，若之后出现食品安全问题，才能够尽快地找到最终的责任人。本案例中，该水果店必须建立进货查验记录制度，如实记录每次进货的名称、数量、日期及供货者的相关信息等情况。这样做，当出现问题时有利于王某找到真正的责任人，保护自己的合法权益。如果其在接受工商部门的警告处罚后，仍不改正，则依据该法第一百二十六条的规定，可能会对他处以罚款。如果情节严重，会责令其停产停业，甚至是吊销许可证。

## 【一句话点评】

为了保障食品的安全，依据法律的规定，食用农产品销售者需要做进货查验记录。

# 食品外包装不规范需要进行赔偿吗?

## 【法律条文】

第六十六条　进入市场销售的食用农产品在包装、保鲜、贮存、运输中使用保鲜剂、防腐剂等食品添加剂和包装材料等食品相关产品，应当符合食品安全国家标准。

第一百二十五条　违反本法规定，有下列情形之一的，由县级以上人民政府食品药品监督管理部门没收违法所得和违法生产经营的食品、食品添加剂，并可以没收用于违法生产经营的工具、设备、原料等物品；违法生产经营的食品、食品添加剂货值金额不足一万元的，并处五千元以上五万元以下罚款；货值金额一万元以上的，并处货值金额五倍以上十倍以下罚款；情节严重的，责令停产停业，直至吊销许可证：

（四）食品生产经营者采购或者使用不符合食品安全标准的食品原料、食品添加剂、食品相关产品。

## 【案例解读】

蔡老三在某农产品市场租赁了一个摊位卖水果，他所销售的都是一些鲜果，如葡萄、提子、芒果等。这些水果经常需要从很远的地方进货，有的甚至是从外国进口的。为了保持这些水果的新鲜和美观，必须进行良好的包装，但是包装费很昂贵。蔡老三为了节约成本，就使用了最便宜的包装袋，这种包装袋散发着一股刺鼻的气味。蔡老三旁边摊位的人告诉他，他的这种行为是违法的，如果被工商部门检查出来是要受到处罚的。可是蔡老三认为，反正消费者都是洗干净水果之后才吃，包装袋不符合相关的标准也没问题。他的这种行为正确吗？

## 【我要提问】

食用外包装不规范需要进行赔偿吗？

## 【专家说法】

根据《食品安全法》第六十六条规定，进入市场销售的食用农产品在包装、保鲜、贮存、运输中使用保鲜剂、防腐剂等食品添加剂和包装材料等食品相关产品，应当符合食品安全国家标准。由此可见，食用的农产品的包装袋必须要符合国家的食品安全标准，否则会污染食用农产品，即便是经过清洗，它对食用者的人体健康也会造成损害。本案例中，蔡老三为节约成本，使用有毒的包装袋的行为是违法的。如果他仍然不改正，很可能会受到相关部门的惩罚。依据该法第一百二十五条的规定，食品生产经营者如果使用不符合标准的食品相关产品，会被县级以上人民政府食品药品监督管理部门没收其违法所得和他所出售的水果。此外，还会根据其销售额的大小处以相应的罚款。

## 【一句话点评】

食用农产品的相关包装材料必须达到国家的食品安全标准。

# 食品安全管理人员必须经考核合格后才能上岗吗？

## 【法律条文】

第四十四条　食品生产经营企业应当配备食品安全管理人员，加强对其培训和考核。经考核不具备食品安全管理能力的，不得上岗。食品药品监督管理部门应当对企业食品安全管理人员随机进行监督抽查考核并公布考核情况。监督抽查考核不得收取费用。

第一百二十六条　违反本法规定，有下列情形之一的，由县级以上人民政府食品药品监督管理部门责令改正，给予警告；拒不改正的，处五千元以上五万元以下罚款；情节严重的，责令停产停业，直至吊销许可证：

（二）食品生产经营企业未按规定建立食品安全管理制度，或者未按规定配备或者培训、考核食品安全管理人员。

## 【案例解读】

张某决定开办一家面粉加工企业，雇佣一些工人帮其生产面制品。开企业需要做很多事情，如需要雇佣食品安全管理人员，对新开办的企业进行注册。一些朋友对他献言献策，但他不知道新雇佣的食品安全管理人员是否必须考核合格后才能上岗？

## 【我要提问】

食品安全管理人员必须经考核合格后才能上岗吗？

## 【专家说法】

本案中涉及的问题是食品安全管理人员是否必须考核上岗？如果没有考核，是否需要承担责任？其实针对这些问题，我国的食品安全法中有明确的规定。依照《食品安全法》第四十四条的规定，食品生产经营企业应当配备食品安全管理人员，加强对其培训和考核。经考核不具备食品安全管理能力的，不得上岗。否则，根据该法第一百二十六条的规定，首先由县级以上人民政府食品药品监督管理部门责令改正，给予警告；拒不改正的，处五千元以上五万元以下罚款；情节严重的，责令停产停业，直至吊销许可证。因此，张某应严格遵守法律的规定。

## 【一句话点评】

根据我国相关法律的规定，食品安全管理人员需要进行考核上岗。

# 食品厂车间工作的人员必须要有健康证吗？

## 【法律条文】

第四十五条　食品生产经营者应当建立并执行从业人员健康管理制度。患有国务院卫生行政部门规定的有碍食品安全疾病的人员，不得从事接触直接入口食品的工作。

从事接触直接入口食品工作的食品生产经营人员应当每年进行健康检查，取得健康证明后方可上岗工作。

第一百二十六条　违反本法规定，有下列情形之一的，由县级以上人民政府食品药品监督管理部门责令改正，给予警告；拒不改正的，处五千元以上五万元以下罚款；情节严重的，责令停产停业，直至吊销许可证：

（六）食品生产经营者安排未取得健康证明或者患有国务院卫生行政部门规定的有碍食品安全疾病的人员从事接触直接入口食品的工作。

## 【案例解读】

钱某刚刚被安排到食品厂车间工作。食品厂负责人告诉他必须去进行健康检查，取得健康证后，才可以来食品厂车间工作。钱某认为这太麻烦了，只不过是个形式问题，不愿意去进行健康检查。钱某的这种想法正确吗？

## 【我要提问】

食品厂车间工作的人员必须要有健康证吗?

## 【专家说法】

依照我国《食品安全法》第四十五条的规定，从事接触直接入口食品工作的食品生产经营人员应当每年进行健康检查，取得健康证明后方可上岗工作。此规定是为了保障食品加工过程中的安全，保障食用此食品的人员安全。若食品生产经营者违反此规定，则由县级以上人民政府食品药品监督管理部门责令改正，给予警告；拒不改正的，处五千元以上五万元以下罚款；情节严重的，责令停产停业，直至吊销许可证。本案例中，钱某想要去食品厂车间工作，应必须取得健康证。

## 【一句话点评】

我国相关法律规定，从事食品生产加工的人员，应每年进行健康检查，并取得健康证才可上岗工作。

# 食品生产企业为了保证食品安全，应该就哪些事项制定并实施控制要求？

百姓餐桌

## 【法律条文】

**第四十六条** 食品生产企业应当就下列事项制定并实施控制要求，保证所生产的食品符合食品安全标准：

（一）原料采购、原料验收、投料等原料控制；

（二）生产工序、设备、贮存、包装等生产关键环节控制；

（三）原料检验、半成品检验、成品出厂检验等检验控制；

（四）运输和交付控制。

**第一百二十六条** 违反本法规定，有下列情形之一的，由县级以上人民政府食品药品监督管理部门责令改正，给予警告；拒不改正的，处五千元以上五万元以下罚款；情节严重的，责令停产停业，直至吊销许可证：

（十三）食品生产企业、餐饮服务提供者未按规定制定、实施生产经营过程控制要求。

## 【案例解读】

刘某决定去参加一家著名的食品加工企业招聘。招聘分笔试和面试两部分进行。在笔试部分，主要是考查食品安全法中的相关知识。其中有一道题目为"为了保证食品安全，食品生产企业应该就哪些事项制定并实施控制要求？如果食品生产企业、餐饮服务提供者未按规定制定、实施生产经营过程控制要求，应承担何种法律责任？"的论述题，他不知如何回答。

## 【我要提问】

食品生产企业为了保证食品安全，应该就哪些事项制定并实施控制要求？

## 【专家说法】

我国《食品安全法》有明确的规定，食品生产企业应当对原料采购、原料验收、投料等原料控制，生产工序、设备、贮存、包装等生产关键环节控制，原料检验、半成品检验、成品出厂检验等检验控制，运输和交付控制这四个事项制定并实施控制要求。当食品生产企业没有依照上述规定制定并实施控制要求时，由县级以上人民政府食品药品监督管理部门责令改正，给予警告；拒不改正的，处五千元以上五万元以下罚款；情节严重的，责令停产停业，直至吊销许可证。

## 【一句话点评】

食品生产企业应严格对法律规定的四个事项进行制定并实施控制要求，以保障食品的各个环节安全，最终保障人民的食品安全。

# 企业因设备陈旧不再符合食品安全要求的要淘汰吗？

## 【法律条文】

**第四十七条**　食品生产经营者应当建立食品安全自查制度，定期对食品安全状况进行检查评价。生产经营条件发生变化，不再符合食品安全要求的，食品生产经营者应当立即采取整改措施；有发生食品安全事故潜在风险的，应当立即停止食品生产经营活动，并向所在地县级人民政府食品药品监督管理部门报告。

**第一百二十六条**　违反本法规定，有下列情形之一的，由县级以上人民政府食品药品监督管理部门责令改正，给予警告；拒不改正的，处五千元以上五万元以下罚款；情节严重的，责令停产停业，直至吊销许可证：

（十一）食品生产经营者未定期对食品安全状况进行检查评价，或者生产经营条件发生变化，未按规定处理。

## 【案例解读】

王某是一家食品公司的部门经理，他严格要求自己的员工按照法律规定办事，将食品安全视为最为重要的事情。一次，王某组织公司的员工进行食品安全自查，经过检查，发现该厂的设备陈旧，不再符合食品安全要求。如果再继续使用这种陈旧设备，将影响食品的安全。他该怎么办？

## 【我要提问】

企业因设备陈旧不再符合食品安全要求的要淘汰吗?

## 【专家说法】

依照我国《食品安全法》第四十七条的规定，生产经营条件发生变化，不再符合食品安全要求的，食品生产经营者应当立即采取整改措施，否则根据《食品安全法》第一百二十六条的规定，首先由县级以上人民政府食品药品监督管理部门责令改正，给予警告；拒不改正的，处五千元以上五万元以下罚款；情节严重的，责令停产停业，直至吊销许可证。因此，本案例中，该公司正确的做法是采取整改措施，否则其将受到相应的行政处罚。

## 【一句话点评】

作为食品生产经营者，应严格遵守《食品安全法》的相关规定，建立食品安全自查制度，一旦发现问题，立即采取整改措施，并向有关部门报告。

# 可以直接在瓜果上喷洒高毒杀虫剂防止虫害吗？

## 【法律条文】

**第四十九条**　食用农产品生产者应当按照食品安全标准和国家有关规定使用农药、肥料、兽药、饲料和饲料添加剂等农业投入品，严格执行农业投入品使用安全间隔期或者休药期的规定，不得使用国家明令禁止的农业投入品。禁止将剧毒、高毒农药用于蔬菜、瓜果、茶叶和中草药材等国家规定的农作物。

食用农产品的生产企业和农民专业合作经济组织应当建立农业投入品使用记录制度。

县级以上人民政府农业行政部门应当加强对农业投入品使用的监督管理和指导，建立健全农业投入品安全使用制度。

**第一百二十三条**　违法使用剧毒、高毒农药的，除依照有关法律、法规规定给予处罚外，可以由公安机关依照第一款规定给予拘留。

## 【案例解读】

张某靠种植樱桃为生，今年春季，不知何种缘故，樱桃植株上有许多虫子，严重影响植株的成长，更是影响樱桃的产量。张某见到此种情形，十分着急，于是与其妻子和其他樱桃种植户商量办法。一个种植户建议大家，在樱桃植株上喷洒高毒杀虫剂，将虫子毒死，防止虫害影响樱桃的产量。而有的种植户认为这种做法不可行，喷洒高毒杀虫剂后，农药会残留在樱桃上，购买者食用后，会对其健康造成威胁，因此不赞同喷洒高毒农药来防止虫害的做法。那么，张某应该怎么做？

## 【我要提问】

可以直接在瓜果上喷洒高毒杀虫剂防止虫害吗？

## 【专家说法】

依照《食品安全法》第四十九条的规定，禁止将剧毒、高毒农药用于蔬菜、瓜果、茶叶和中草药材等国家规定的农作物。并根据该法第一百二十三条的规定，违法使用剧毒、高毒农药的，除依照有关法律、法规规定给予处罚外，可以由公安机关依照第一款规定给予拘留。本案例中，张某等人应严格遵守法律的规定，不能使用高毒杀虫剂消灭虫害。

## 【一句话点评】

我国相关法律禁止将剧毒、高毒农药用于蔬菜、瓜果、茶叶和中草药材等国家规定的农作物。

## 标签、说明书和广告

# 转基因食品的包装上需要显著标示吗?

## 【法律条文】

第六十九条　生产经营转基因食品应当按照规定显著标示。

第一百二十五条　违反本法规定,有下列情形之一的,由县级以上人民政府食品药品监督管理部门没收违法所得和违法生产经营的食品、食品添加剂,并可以没收用于违法生产经营的工具、设备、原料等物品;违法生产经营的食品、食品添加剂货值金额不足一万元的,

并处五千元以上五万元以下罚款；货值金额一万元以上的，并处货值
金额五倍以上十倍以下罚款；情节严重的，责令停产停业，直至吊销
许可证；

（三）生产经营转基因食品未按规定进行标示。

## 【案例解读】

2017 年 5 月 2 日，消费者小龙在当地的某连锁超市购物时，看到
某"一级菜籽油"的菜籽油广告宣传后，选购了 1 瓶 1.5 升的该菜籽油。
回到家后，小龙很好奇该菜籽油是否正如其广告宣传的那样是一级菜
籽油，便将其拿到了某实验室进行检验，发现该油实际上是转基因食
用油，于是她将生产商告上了法庭。小龙认为该生产商违反了法律规
定，未在食品包装上标明该油属于转基因产品。

## 【我要提问】

转基因食品的包装上需要显著标示吗？

## 【专家说法】

转基因食品是利用现代分子生物技术，将某些生物的基因转移到
其他物种中去，改造生物的遗传物质，使其更满足消费者需求的较特
殊食品。对于转基因食品的安全性，目前全世界范围内都还没有一个
准确的定论，但在生活中，大多数人们都是谈转基因色变，我国政府
对转基因食品也进行了相关的法律规定。我国《食品安全法》对转基
因食品进行了相关的法律规定，规定此类食品必须显著标示。食用油
生产商生产转基因食品时并未显著标示，涉嫌欺诈性交易，小龙可以
要求退还购物款。在当地相关部门介入调查的情况下，该超市应当立

即停止销售此类货物。同时根据《食品安全法》第一百二十五条的规定，当地的食品药品监督管理部门有权对其进行行政处罚。

## 【一句话点评】

我国法律对转基因食品已经进行了各方面的规定，包括在生产销售的过程中应当在产品包装上显著标示等。

# 食品说明书中含有虚假内容，食品生产公司应受何种处罚？

## 【法律条文】

**第七十一条**  食品和食品添加剂的标签、说明书，不得含有虚假内容，不得涉及疾病预防、治疗功能。生产经营者对其提供的标签、说明书的内容负责。

食品和食品添加剂的标签、说明书应当清楚、明显，生产日期、保质期等事项应当显著标注，容易辨识。

食品和食品添加剂与其标签、说明书的内容不符的，不得上市销售。

**第一百二十五条**  违反本法规定，有下列情形之一的，由县级以上人民政府食品药品监督管理部门没收违法所得和违法生产经营的食品、食品添加剂，并可以没收用于违法生产经营的工具、设备、原料等物品；违法生产经营的食品、食品添加剂货值金额不足一万元的，并处五千元以上五万元以下罚款；货值金额一万元以上的，并处货值金额五倍以上十倍以下罚款；情节严重的，责令停产停业，直至吊销许可证：

（二）生产经营无标签的预包装食品、食品添加剂或者标签、说明书不符合本法规定的食品、食品添加剂。

## 【案例解读】

某肉制品加工公司在当地的肉制品加工市场占有很重要的市场份额，其加工制作的肥牛卷、羊肉卷等产品深受当地消费者的喜爱。2017 年 2 月，当地执法部门在对肉制品加工类食物进行抽检时，发现该公司生产的精品羊肉卷实际上是由鸭肉冒充的，然而该羊肉卷的包装上却写着是由羊肉加工而成的。执法人员立即扣留了所有的违法商品，责令该公司立即停止生产违法产品，并决定对其进行行政处罚。

## 【我要提问】

食品说明书中含有虚假内容，食品生产公司应受何种处罚？

## 【专家说法】

根据我国《食品安全法》第七十一条的规定，食品和食品添加剂的标签、说明书，不得含有虚假内容，食品和食品添加剂的标签、说明书应当清楚、明显，生产日期、保质期等事项应当显著标注，容易辨识。食品和食品添加剂与其标签、说明书的内容不符的，不得上市销售。在本案例中，该公司在其经营的标有"精品羊肉卷"商品中，以鸭肉顶替羊肉，这和产品说明书中所描述的内容完全不符，严重损害了消费者的知情权。根据《食品安全法》第一百二十五条的规定，县级以上人民政府食品药品监督管理部门没收违法所得和违法生产经营的食品、食品添加剂，并可以没收用于违法生产经营的工具、设备、原料等物品；违法生产经营的食品、食品添加剂货值金额不足一万元的，并处五千元以上五万元以下罚款；货值金额一万元以上的，并处货值金额五倍以上十倍以下罚款；情节严重的，责令停产停业，直至吊销许可证。

【一句话点评】

　　企业生产的食品应当符合其产品说明书中所描述的内容，不得肆意夸大和变换概念，给消费者造成误导，更不得漠视食品安全，非法销售危害消费者身体健康的食品。

# 食品经营者能否违反食品标签标示的警示说明义务？

## 【法律条文】

第七十二条　食品经营者应当按照食品标签标示的警示标志、警示说明或者注意事项的要求销售食品。

## 【案例解读】

某保健食品有限公司是当地的著名企业之一，该公司生产的保健食品畅销全国。但 2016 年 5 月，很多消费者反映喝了该公司的保健茶后有不良反应，于是向当地的食品药品监督管理局进行了投诉。执法人员在调查过程中发现该产品并无质量问题，但违反了对该产品的警示说明义务，即该产品包装上按照国家规定写明了"食用量 3 克 / 天"，但保健茶中的每小袋含量为 3.5 克，由于消费者每天根据产品说明中的"1 小袋 / 天"的量服用，才导致了身体不适。执法人员立即通知该公司下架所有该品牌的保健茶，并进行了公告，以减少受害消费者的数量。

## 【我要提问】

食品经营者能否违反食品标签标示的警示说明义务？

## 【专家说法】

食品标签标示的警示标志、警示说明或注意事项是为了以一种特别提醒的方式，告知消费者相应的注意事项，避免因错误食用而导致消费者的财产和人身受到损害。根据《食品安全法》第七十二条的规定，食品经营者应当按照食品标签标示的警示标志、警示说明或者注意事项的要求销售食品。本案例中，该公司虽然按照法律规定对茶的每日食用量进行了警示说明，但是自身生产的袋装茶的数量规格却违反了该警示说明义务的规定，给消费者的身体健康带来了损害。所以，根据相关法律的规定，该公司应当承担行政处罚责任和民事赔偿责任。

## 【一句话点评】

食品经营者没有按照警示标志、警示说明或者注意事项的要求销售，导致消费者损失的，应承担相应的法律责任。

# 食品广告中能否涉及治疗和预防疾病吗?

绝对管用　强身健体

## 【法律条文】

**第七十三条** 食品广告的内容应当真实合法,不得含有虚假内容,不得涉及疾病预防、治疗功能。食品生产经营者对食品广告内容的真实性、合法性负责。

**第一百二十五条** 违反本法规定,有下列情形之一的,由县级以上人民政府食品药品监督管理部门没收违法所得和违法生产经营的食品、食品添加剂,并可以没收用于违法生产经营的工具、设备、原料等物品;违法生产经营的食品、食品添加剂货值金额不足一万元的,并处五千元以上五万元以下罚款;货值金额一万元以上的,并处货值金额五倍以上十倍以下罚款;情节严重的,责令停产停业,直至吊销许可证：

（二）生产经营无标签的预包装食品、食品添加剂或者标签、说明书不符合本法规定的食品、食品添加剂。

## 【案例解读】

某食品公司由于产品单一，缺乏创新性，导致库存积压过多，损失严重。2016 年 9 月，该公司开始进行产品创新，考虑到人们对养生方面非常重视，于是决定生产一种具有身体保健功能的饮料。在该产品正式流入市场之前，该公司为了加大噱头，增加吸引力，自行印制了宣传册，大肆宣扬该饮料具有调节血糖、血脂，预防肠道疾病的功效。很快，该公司引起了当地食品药品监督管理局的注意力，经调查鉴定后，发现该饮料产品虽然具有一定的调节血糖作用，但并没有像产品宣传的那样神奇。该公司的行为对吗？

## 【我要提问】

食品广告中能否涉及治疗和预防疾病吗？

## 【专家说法】

虚假、夸张的广告宣传充斥着我国的食品市场，这类广告无视消费者的身体健康，常常为了谋利而擅自宣传其产品具有疾病预防、治疗功能。我国《食品安全法》对食品广告做出了明确的禁止性规定，即不得含有虚假内容，不得涉及疾病预防、治疗功能。本案例中，该公司不仅过分夸大了食品的功效，具有虚假宣传的性质，而且其本身利用预防疾病的噱头进行宣传的行为也违反了法律规定，应受到相应的行政处罚。

　　目前，食品生产或销售者违反法律规定进行宣传的一般有以下 3 类情形：1. 食品广告中含有绝对化语言或意思表示，如最优质、最先进工艺、极品等；2. 食品广告中直接或间接宣传疾病预防、治疗功能，借由宣传某些成分的作用明示或暗示该食品的治疗功能；3. 普通食品宣传保健功能，借由宣传某些成分，明示或暗示该食品的保健功能。因此，各食品生产和销售者对食品的宣传，应该严格按照《食品安全法》和《广告法》等法律、法规的规定执行。同时也提醒广大消费者认真辨别，理性看待食品广告。

## 【一句话点评】

　　保健食品广告不得涉及疾病预防、治疗功能，不得声称或者暗示广告商品为保障健康所必需，并应当显著标明"本品不能代替药物"。

# 食品预包装上的标签应该包含哪些内容?

## 【法律条文】

第六十七条    预包装食品的包装上应当有标签。标签应当标明下列事项:

(一)名称、规格、净含量、生产日期;

(二)成分或者配料表;

(三)生产者的名称、地址、联系方式;

(四)保质期;

(五)产品标准代号;

(六)贮存条件;

(七)所使用的食品添加剂在国家标准中的通用名称;

(八)生产许可证编号;

（九）法律、法规或者食品安全标准规定应当标明的其他事项。

专供婴幼儿和其他特定人群的主辅食品，其标签还应当标明主要营养成分及其含量。

食品安全国家标准对标签标注事项另有规定的，从其规定。

**第一百四十八条**　消费者因不符合食品安全标准的食品受到损害的，可以向经营者要求赔偿损失，也可以向生产者要求赔偿损失。接到消费者赔偿要求的生产经营者，应当实行首负责任制，先行赔付，不得推诿；属于生产者责任的，经营者赔偿后有权向生产者追偿；属于经营者责任的，生产者赔偿后有权向经营者追偿。

生产不符合食品安全标准的食品或者经营明知是不符合食品安全标准的食品，消费者除要求赔偿损失外，还可以向生产者或者经营者要求支付价款十倍或者损失三倍的赔偿金；增加赔偿的金额不足一千元的，为一千元。但是，食品的标签、说明书存在不影响食品安全且不会对消费者造成误导的瑕疵的除外。

## 【案例解读】

苏某在当地一家超市购买了1箱新西兰进口的奇异果，其产品外包装入库标签标示："到货日期：2015年5月1日"，价格标签标示："生产日期：2015年5月1日"。后苏某再次在该超市购买了4箱新西兰进口的奇异果，外包装入库标签标示："到货日期：2015年5月7日"，而价格标签标示："生产日期：2015年5月9日"。于是苏某以超市未用中文正确标识产品生产日期为由向法院提起诉讼，要求该超市退还货款，并给予3倍价款赔偿。

??

## 【我要提问】

食品预包装上的标签应该包含哪些内容？

## 【专家说法】

根据《食品安全法》的规定，涉案产品系经装箱包装进行销售的进口食用农产品，应当在外包装上用规范的中文准确、清晰的标识品名、产地、生产日期等法定内容。但本案例中，该商品标识的到货日期早于生产日期，或者与生产日期相同，明显不符合生活常理，属于未明确、清晰标注生产日期的情形。该超市作为销售者虽然对涉案产品的入境检验检疫证明等进口手续进行了查验，但未能对存在明显遗漏中文标识的情形予以审查。同时，该超市在应当知晓产品生产日期的情况下，仍然在价格标签上错误标识生产日期，其行为已构成欺诈。人民法院遂判决该超市向苏某退还货款，并给予 3 倍价款赔偿。

## 【一句话点评】

食品标签上的所有内容必须具备相关法律中所规定的全部内容，否则不得进行生产销售。

# 散装食品外包装上需要注明哪些事项?

## 【法律条文】

第六十八条　食品经营者销售散装食品，应当在散装食品的容器、外包装上标明食品的名称、生产日期或者生产批号、保质期以及生产经营者名称、地址、联系方式等内容。

## 【案例解读】

某食品生产公司的经营效益一直不好，该公司经理一直为提高经济效益不断努力。2016年10月，经过实地考察，该经理发现各大超市供应的散装食品非常受欢迎。消费者通常认为此类食品既新鲜又便宜，所以这些食品销量非常好。因此在该经理的建议下，该公司也开始生产此类散装食品，主要包括香蕉片、锅巴、开心果及膨化玉米花4种。为了便于印刷，该公司在这些散装食品外包装上仅仅标注了食品的名称。于是其生产的食品就这样开始流入市场。同年12月，当地市食品药品监督管理局在检查过程中发现了该公司的违法行为，并扣留了其所有不合法的产品。

## 【我要提问】

散装食品外包装上需要注明哪些事项?

## 【专家说法】

　　散装食品指的是那些无预包装的食品及食品原料。散装食品由于无繁复花哨的食品外包装，所以其价格比预包装的食品要更加便宜，且买多买少都可以进行选择，故很受消费者的欢迎。根据《食品安全法》第六十八条的规定，食品经营者销售散装食品，应当在散装食品的容器、外包装上标明食品的名称、生产日期或者生产批号、保质期以及生产经营者名称、地址、联系方式等内容。

## 【一句话点评】

　　散装食品生产经营者应当严格按照法律的规定，在其外包装上标注食品的名称、生产日期或生产批号等内容。

### 特殊食品

# 生产婴幼儿配方食品的原料、添加剂是如何规定的？

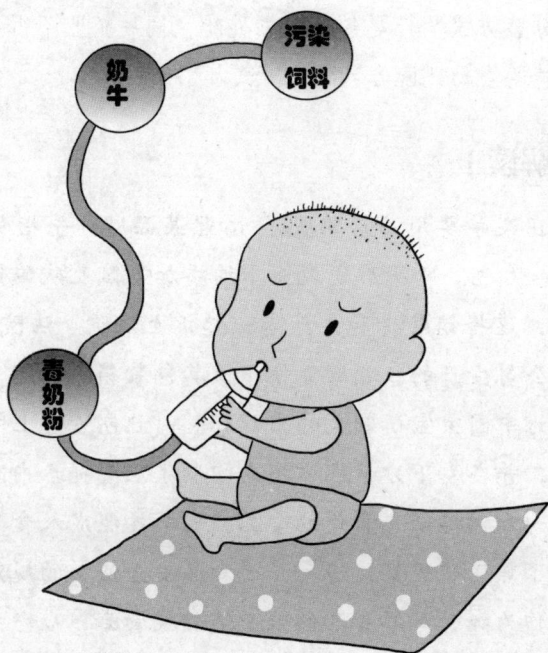

## 【法律条文】

第八十一条　婴幼儿配方食品生产企业应当实施从原料进厂到成品出厂的全过程质量控制，对出厂的婴幼儿配方食品实施逐批检验，保证食品安全。

生产婴幼儿配方食品使用的生鲜乳、辅料等食品原料、食品添加剂等，应当符合法律、行政法规的规定和食品安全国家标准，保证婴幼儿生长发育所需的营养成分。

婴幼儿配方食品生产企业应当将食品原料、食品添加剂、产品配方及标签等事项向省、自治区、直辖市人民政府食品药品监督管理部门备案。

婴幼儿配方乳粉的产品配方应当经国务院食品药品监督管理部门注册。注册时，应当提交配方研发报告和其他表明配方科学性、安全性的材料。

不得以分装方式生产婴幼儿配方乳粉，同一企业不得用同一配方生产不同品牌的婴幼儿配方乳粉。

## 【案例解读】

刘女士在某孕婴用品店购买了46箱某品牌"手指营养饼干"，价款共计15050元。购买后发现饼干均添加了焦亚硫酸钠，不能供婴幼儿食用，遂将销售者和生产者一起诉至法院。法院审理认为，被告某食品公司生产的手指营养饼干，其包装箱上贴有"婴幼儿辅食专家，专为中国宝宝研制"的出厂标签，且包装盒上印制了婴幼儿卡通形象，并在左下方黄色方框内印制了温馨提示内容，均明显提示该产品为专供婴幼儿食用的食品，但却按照成人食品安全标准生产，添加了焦亚硫酸钠，违反了《食品安全法》的规定。被告该孕婴用品店作为经营母婴食品的专业连锁经营者，应当知道自己经销的该品牌"手指营养饼干"中添加了禁止添加的焦亚硫酸钠而仍然销售该产品，应认定为"销售明知是不符合食品安全标准的食品"行为，因此判决其返还刘女士价款15050元，并支付价款十倍的赔偿金150500元，且被告某食品公司对上述债务承担连带责任。

## 【我要提问】

生产婴幼儿配方食品的原料、添加剂是如何规定的？

## 【专家说法】

我国对婴幼儿食品的安全问题非常重视。《食品安全法》第八十一条规定，婴幼儿配方食品生产企业应当实施从原料进厂到成品出厂的全过程质量控制，对出厂的婴幼儿配方食品实施逐批检验，保证食品安全。生产婴幼儿配方食品使用的生鲜乳、辅料等食品原料、食品添加剂等，应当符合法律、行政法规的规定和食品安全国家标准，保证婴幼儿生长发育所需的营养成分。本案例中，该公司在食品中添加违禁食品添加剂，明显属违法行为，应受到法律的惩罚。

## 【一句话点评】

婴幼儿配方食品生产企业应当实施从原料进厂到成品出厂的全过程质量控制，对出厂的婴幼儿配方食品实施逐批检验，保证食品安全。

# 食品企业可以用同一配方生产不同品牌的婴幼儿配方乳粉吗?

## 【法律条文】

第八十一条　婴幼儿配方乳粉的产品配方应当经国务院食品药品监督管理部门注册。注册时，应当提交配方研发报告和其他表明配方科学性、安全性的材料。

不得以分装方式生产婴幼儿配方乳粉，同一企业不得用同一配方生产不同品牌的婴幼儿配方乳粉。

## 【案例解读】

在一家婴幼儿奶粉超市中，王女士见当地食品药品监督管理局工作人员在检查奶粉，便找到工作人员询问道："朋友们总劝我，有些产品宁可多花点钱买国外的，也不要买国内的，他们觉得产品质量不放心！"起初她对这个问题不以为然，觉得同样的产品，国内、外的质量差别并不大，但价格往往相差很多，买国内产品比较划算。但是，在朋友们跟她讲了几件国内婴幼儿食品的质量问题之后，她的心里也开始质疑。

## 【我要提问】

食品企业可以用同一配方生产不同品牌的婴幼儿配方乳粉吗?

## 【专家说法】

我国新《食品安全法》专门对婴幼儿配方食品、保健食品等特殊食品的监管予以"特殊对待"。新法将保健食品、特殊医学用途配方食品、婴幼儿配方食品以及其他专供特定人群的主辅食品都归为特殊食品，要求相关各方特殊对待，严格监管，从原料、配方、生产工艺等方面严格把关，并实行备案和注册分类搭配管理。新法特别明确，婴幼儿配方乳粉的产品配方应当经国务院食品药品监督管理部门注册。注册时，应当提交配方研发报告和其他表明配方科学性、安全性的材料；不得以分装方式生产婴幼儿配方乳粉，同一企业不得用同一配方生产不同品牌的婴幼儿配方乳粉。

## 【一句话点评】

在婴幼儿配方乳粉的生产方面，我国法律明确规定一个品牌一个系列只能对应一个配方，不得以分装方式生产婴幼儿配方乳粉，同一企业不得用同一配方生产不同品牌的婴幼儿配方乳粉。并且开发新品牌和配方时，应当通过相关部门的审核。

# 保健食品的标签中涉及疾病的治疗是否违法?

这个保健品很适合老人家

## 【法律条文】

第七十八条  保健食品的标签、说明书不得涉及疾病预防、治疗功能,内容应当真实,与注册或者备案的内容相一致,载明适宜人群、不适宜人群、功效成分或者标志性成分及其含量等,并声明"本品不能代替药物"。保健食品的功能和成分应当与标签、说明书相一致。

## 【案例解读】

2017 年 1 月，某保健食品在当地卖得特别火热，当地人都纷纷抢购该产品。在该保健食品的预包装标签上写了一个产品故事，大意为当地的多位肿瘤病人，在多地就医仍不见好转的情况下，一个偶然的机会买了该保健食品，服用了 3 个疗程之后，肿瘤便消失了，病人痊愈，还能下地干活。很多人被该标签上的故事打动，从而决定购买该保健品，预防肿瘤。一时之间，当地刮起了一股购买该产品的热朝。后来，经过当地的专家鉴定，发现该产品虽然具有一定的增强免疫力、辅助抑制肿瘤的功效，但是并没有像其预包装标签上宣称治疗肿瘤的神奇功效。那么，该生产商的行为是否违法呢？

## 【我要提问】

保健食品的标签中涉及疾病的治疗是否违法？

## 【专家说法】

为了提高产品知名度，增加产品销量，很多保健食品的生产商通常会在自己生产的产品标签或者说明书上夸大其产品的功效。实质上，这不仅是对消费者的一种欺骗，更是一种违法行为。根据我国《食品安全法》第七十八条的规定，保健食品的标签、说明书不得涉及疾病预防、治疗功能，内容应当真实，与注册或者备案的内容相一致，载明适宜人群、不适宜人群、功效成分或者标志性成分及其含量等，并声明"本品不能代替药物"。保健食品的功能和成分应当与标签、说明书相一致。本案例中，该保健食品公司直接在其产品标签上通过治愈肿瘤病人的案例，来侧面地说明其产品具有治疗疾病的作用，是一种以不合理的方式来表示产品功效的行为，严重欺骗和误导了消费者，违反了我国的法律规定。

## 【一句话点评】

保健食品不等于药品，不能直接用于治疗疾病，法律规定保健食品的标签或者说明书中应当声明"本品不能代替药物"，凡是声称保健食品能治疗疾病的，都是不符合法律规定的。

# 企业能否生产经营根本不具有保健功能的"保健品"？

## 【法律条文】

**第七十五条**　保健食品声称保健功能，应当具有科学依据，不得对人体产生急性、亚急性或者慢性危害。

保健食品原料目录和允许保健食品声称的保健功能目录，由国务院食品药品监督管理部门会同国务院卫生行政部门、国家中医药管理部门制定、调整并公布。

保健食品原料目录应当包括原料名称、用量及其对应的功效；列入保健食品原料目录的原料只能用于保健食品生产，不得用于其他食品生产。

## 【案例解读】

某科技有限公司于 2017 年 1 月推出了一款让女人更具魅力的新型产品，该产品宣称能有效调节女性内分泌，平稳经期，并且能够有效遏制女性更年期激素紊乱、面生痤疮等问题。为了提高该产品的知名度，该公司邀请了某著名女星代言。一时之间，该产品异常火爆，吸引了很多女性消费者，经常是供不应求。后来，有营养学家对该产品的功效表示怀疑，并将该产品拿到专业机构检测，最后发现该产品根本不具备任何保健功能，更不存在其所宣称的一系列产品功效，只是一般的普通食品。该公司的这种做法对吗？

## 【我要提问】

企业能否生产经营根本不具有保健功能的"保健品"?

## 【专家说法】

我国《食品安全法》第七十五条明确规定,保健食品声称保健功能,应当具有科学依据,不得对人体产生急性、亚急性或者慢性危害。生产商必须严格按照保健食品原料目录和允许保健食品声称的保健功能目录来生产经营保健食品,否则就是违法行为。本案例中,该公司将一般的普通食品通过虚假广告包装成保健食品,实际上根本不具备其所宣称的保健功效。根据上述法律规定,该公司生产经营根本就不具有保健功能的"保健品"是不符合法律规定的。

## 【一句话点评】

生产者在生产保健食品时,其所称的保健功能必须具有科学依据,不得杜撰和编造,更不得夸大产品功效或者生产对人体有危害的保健食品。

# 第五章

# 食品检验与食品进出口

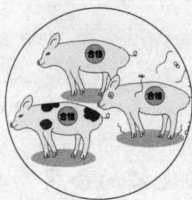

# 对食品药品监督管理部门的检验结论有异议时该怎么办？

## 【法律条文】

**第八十八条**　对依照本法规定实施的检验结论有异议的，食品生产经营者可以自收到检验结论之日起七个工作日内向实施抽样检验的食品药品监督管理部门或者其上一级食品药品监督管理部门提出复检申请，由受理复检申请的食品药品监督管理部门在公布的复检机构名录中随机确定复检机构进行复检。复检机构出具的复检结论为最终检验结论。复检机构与初检机构不得为同一机构。复检机构名录由国务院认证认可监督管理、食品药品监督管理、卫生行政、农业行政等部门共同公布。

采用国家规定的快速检测方法对食用农产品进行抽查检测，被抽查人对检测结果有异议的，可以自收到检测结果时起四小时内申请复检。复检不得采用快速检测方法。

## 【案例解读】

某食品公司是一家专门生产保健酒的公司，其生产的产品被很多消费者所熟知，且销量在业内一直位居前列。2016年11月，当地食品药品监督管理局委托当地的某食品检验机构对当地的保健酒进行抽检。检验机构在检验过程中发现该食品公司的保健酒涉嫌违法添加他达拉非，于是当地食品药品监督管理局向该公司送达了告知书。该公司收到告知书后，认为食品药品监督管理局所委托的第三方检验机构在检验过程中存在检验错误，觉得自己生产的产品是合法的，并没有违法添加成分。此时，该公司想要通过法律途径维护自己的合法权益，应怎么做呢？

## 【我要提问】

对食品药品监督管理部门的检验结论有异议时该怎么办？

## 【专家说法】

为了维护生产经营方在检测错误时的合法权益，我国《食品安全法》第八十八条规定，食品生产经营者可以自收到检验结论之日起七个工作日内向实施抽样检验的食品药品监督管理部门或者其上一级食品药品监督管理部门提出复检申请，由受理复检申请的食品药品监督管理部门在公布的复检机构名录中随机确定复检机构进行复检。复检机构出具的复检结论为最终检验结论。复检机构与初检机构不得为同一机构。因此，本案例中，该公司有权在收到检验结论之日起七个工作日内向法律规定的管理部门申请复检来维护自己的合法权益。

## 【一句话点评】

企业对政府所委托的第三方食品检验机构所作出的检测结果有异议时，有权提出复检申请，但必须履行法定的程序，即必须在其收到检验结论之日起七个工作日内向法律所规定的食品复检机构申请复检。

# 食品生产企业有权自行委托食品检验机构进行检验吗？

## 【法律条文】

第八十四条　食品检验机构按照国家有关认证认可的规定取得资质认定后，方可从事食品检验活动。但是，法律另有规定的除外。

食品检验机构的资质认定条件和检验规范，由国务院食品药品监督管理部门规定。

第八十九条　食品生产企业可以自行对所生产的食品进行检验，也可以委托符合本法规定的食品检验机构进行检验。

食品行业协会和消费者协会等组织、消费者需要委托食品检验机构对食品进行检验的，应当委托符合本法规定的食品检验机构进行。

## 【案例解读】

一家新成立的专门加工米线的公司，由于近几年来新闻经常曝光有些米线生产厂家利用腐烂谷物添加二氧化硫等致癌添加剂来生产米线，导致市场上很多消费者对米线产生了抵触。而该公司作为新公司，其生产的产品更是难以得到消费者的信任。该公司一直以来都坚持良心生产，保证米线的品质，同时为米线市场的低迷而感到十分担忧。因此，为了向消费者证明自家生产的米线是符合食品安全标准的，该公司希望通过委托当地的食品检验机构对其出厂的产品进行质量检验，但不知自己是否可以这样做？

## 【我要提问】

食品生产企业有权自行委托食品检验机构进行检验吗?

## 【专家说法】

食品委托检验是委托食品检验机构依照有关法律的规定,由检验人运用科学知识,独立对食品样品进行分析检验后而做出书面意见的行为。它能够为企业的产品质量进行科学指导。在实践中,为了保障企业生产食品的质量,很多企业会自行委托食品检验机构对其产品进行检验。一旦企业和检验机构建立了委托检验关系,检验机构对企业出厂的产品质量问题负有直接责任。法律对企业自行委托食品检验机构的行为也予以了肯定。《食品安全法》第八十九条规定,食品生产企业可以自行对所生产的食品进行检验,也可以委托符合本法规定的食品检验机构进行检验。

## 【一句话点评】

法律规定食品生产企业有权委托符合法律规定的食品检验机构进行检验,也可以自行进行检验。

# 食品经营者进口尚无食品安全国家标准的食品怎么办？

## 【法律条文】

第九十三条 进口尚无食品安全国家标准的食品，由境外出口商、境外生产企业或者其委托的进口商向国务院卫生行政部门提交所执行的相关国家（地区）标准或者国际标准。国务院卫生行政部门对相关标准进行审查，认为符合食品安全要求的，决定暂予适用，并及时制定相应的食品安全国家标准。进口利用新的食品原料生产的食品或者进口食品添加剂新品种、食品相关产品新品种，依照本法第三十七条的规定办理。

出入境检验检疫机构按照国务院卫生行政部门的要求，对前款规定的食品、食品添加剂、食品相关产品进行检验。检验结果应当公开。

## 【案例解读】

一家专门经营东南亚零食的网络小店的店主李某经常需要往返马来西亚、泰国等地进行采购。2017年2月，李某从马来西亚进口了一款色、香、味都很独特的小食品，是当地少数民族的秘制产品。李某认为该种食品非常符合当下年轻人猎奇的心理，于是进购了多种口味。但是在回国入境安检时，海关对李某所携带的食品进行检查，发现该类食品在我国目前还没有制定食品安全国家标准，为了保障食品安全，海关依法扣留了该批货物。李某该怎么办？

## 【我要提问】

食品经营者进口尚无食品安全国家标准的食品怎么办？

## 【专家说法】

为了加强对进口食品的配方和生产工艺的审核，控制食品安全的风险，我国《食品安全法》第九十三条规定，进口尚无食品安全国家标准的食品，由境外出口商、境外生产企业或者其委托的进口商向国务院卫生行政部门提交所执行的相关国家（地区）标准或者国际标准。国务院卫生行政部门对相关标准进行审查，认为符合食品安全要求的，决定暂予适用，并及时制定相应的食品安全国家标准。本案例中，李某进口的该食品由于在我国尚无相应的食品安全国家标准，所以为了保障消费者的食品安全，避免消费者食用后出现食品安全事故，他应当向国务院卫生行政部门提交执行的相关国家标准，在该部门认可的情况下，才可以销售该类食品。

## 【一句话点评】

我国法律对于无食品安全国家标准的进口食品认证进行了规定，以期相关部门进行严格审查。

# 进口不符合食品安全标准的食品的进口商应承担什么责任？

## 【法律条文】

**第六十三条** 国家建立食品召回制度。食品生产者发现其生产的食品不符合食品安全标准或者有证据证明可能危害人体健康的，应当立即停止生产，召回已经上市销售的食品，通知相关生产经营者和消费者，并记录召回和通知情况。

食品经营者发现其经营的食品有前款规定情形的，应当立即停止经营，通知相关生产经营者和消费者，并记录停止经营和通知情况。食品生产者认为应当召回的，应当立即召回。由于食品经营者的原因造成其经营的食品有前款规定情形的，食品经营者应当召回。

食品生产经营者应当对召回的食品采取无害化处理、销毁等措施，防止其再次流入市场。但是，对因标签、标志或者说明书不符合食品安全标准而被召回的食品，食品生产者在采取补救措施且能保证食品安全的情况下可以继续销售；销售时应当向消费者明示补救措施。

食品生产经营者应当将食品召回和处理情况向所在地县级人民政府食品药品监督管理部门报告；需要对召回的食品进行无害化处理、销毁的，应当提前报告时间、地点。食品药品监督管理部门认为必要的，可以实施现场监督。

食品生产经营者未依照本条规定召回或者停止经营的，县级以上人民政府食品药品监督管理部门可以责令其召回或者停止经营。

**第九十四条** 境外出口商、境外生产企业应当保证向我国出口的食品、食品添加剂、食品相关产品符合本法以及我国其他有关法律、行政法规的规定和食品安全国家标准的要求，并对标签、说明书的内容负责。

进口商应当建立境外出口商、境外生产企业审核制度，重点审核前款规定的内容；审核不合格的，不得进口。

发现进口食品不符合我国食品安全国家标准或者有证据证明可能危害人体健康的，进口商应当立即停止进口，并依照本法第六十三条的规定召回。

## 【案例解读】

郑先生在某店铺中花费 600 元购买了数量不等的牛轧糖、炭烧奶茶等进口食品。其中，有两种食品包装上使用繁体中文标注，且没有境内经销商的名称、地址和联系方式，有一种食品包装上没有中文标签和说明。于是，郑某诉至一审法院，称自己购买后发现这批产品属于进口产品，却没有中文标签，违反了我国《食品安全法》相关规定，请求判该店铺返还 600 元货款，并支付 6000 元即 10 倍赔偿款。

## 【我要提问】

进口不符合食品安全标准的食品的进口商应承担什么责任？

## 【专家说法】

进口的预包装食品应当有中文标签、中文说明书，标签、说明书应当符合相关法律、法规规定和食品安全国家标准的要求，载明食品的原产地以及境内代理商的名称、地址、联系方式。本案例中，该店铺作为食品销售者，应当按照食品安全的要求采购食品，但由于其销售的食品不符合《食品安全法》的相关规定，因此郑某有权要求该店铺返还货款，并承担 10 倍货款的赔偿责任。

## 【一句话点评】

　　境外出口商、境外生产企业应当保证向我国出口的食品、食品添加剂、食品相关产品符合本法以及我国其他有关法律、行政法规的规定和食品安全国家标准的要求，并对标签、说明书的内容负责。

# 食品进口商能进口无中文标签的食品吗?

## 【法律条文】

**第九十七条** 进口的预包装食品、食品添加剂应当有中文标签；依法应当有说明书的，还应当有中文说明书。标签、说明书应当符合本法以及我国其他有关法律、行政法规的规定和食品安全国家标准的要求，并载明食品的原产地以及境内代理商的名称、地址、联系方式。预包装食品没有中文标签、中文说明书或者标签、说明书不符合本条规定的，不得进口。

## 【案例解读】

2015年10月，唐某在一家超市购买了10瓶进口葡萄酒，后发现这些葡萄酒没有中文标签，没有标注中文名称、配料表、储存条件、食品添加信息、原产国国名或原产地地名等内容。于是唐某向当地食品药品监督管理局举报。经调查后，唐某收到食品药品监督管理局复函，复函认定该超市销售的该种进口葡萄酒行为违反法律，故对其作出了行政处罚。收到复函后，唐某与该超市协商，协商未果遂向法院提起诉讼，请求该超市承担退货及 10 倍价款赔偿责任。但该超市辩称，这种进口葡萄酒质量合格，符合食品安全要求，没有标注中文名称等内容不影响食品安全，不会对消费者产生误导，不应当承担退货及 10 倍价款赔偿责任。经审理查明，该商品没有标注中文标示，违反《食品安全法》关于进口商品、预包装食品的规定，影响食品安全，并对消费者造成误导，最终法院支持唐某的诉讼请求。

## 【我要提问】

食品进口商能进口无中文标签的食品吗？

## 【专家说法】

进口食品是从其他国家、地区市场购买并进入境内市场的食品，由于语言的差异，消费者了解进口食品的信息有一定的障碍，因此中文标签对于判断进口食品是否合格发挥着巨大作用。作为传达给消费者重要信息的主要载体，食品标签在准许食品类商品进入我国时有着严格的要求。根据我国《食品安全法》第九十七条的规定，进口的预包装食品、食品添加剂应当有中文标签；依法应当有说明书的，还应当有中文说明书。预包装食品没有中文标签、中文说明书或者标签、说明书不符合本条规定的，不得进口。若违反上述规定，相关行政部门有权依据该法第一百二十五条的规定进行行政处罚。本案例中，该超市进口的葡萄酒未标注中文标签的做法属于违法性味，其产品属于不符合食品安全标准的食品，应当受到相应处罚。

【一句话点评】

　　进口的预包装食品、食品添加剂应当有中文标签；依法应当有说明书的，还应当有中文说明书。

# 食品检验机构出具虚假检验报告应当承担什么法律责任？

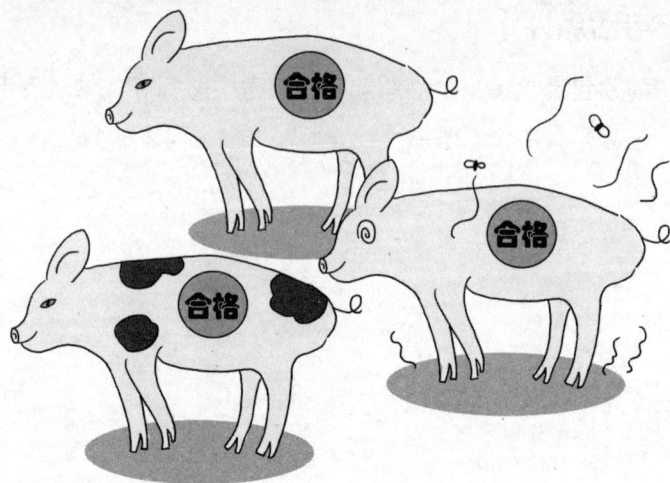

## 【法律条文】

**第八十五条**　食品检验由食品检验机构指定的检验人独立进行。

检验人应当依照有关法律、法规的规定，并按照食品安全标准和检验规范对食品进行检验，尊重科学，恪守职业道德，保证出具的检验数据和结论客观、公正，不得出具虚假检验报告。

**第一百三十八条**　违反本法规定，食品检验机构、食品检验人员出具虚假检验报告的，由授予其资质的主管部门或者机构撤销该食品检验机构的检验资质，没收所收取的检验费用，并处检验费用五倍以上十倍以下罚款，检验费用不足一万元的，并处五万元以上十万元以下罚款；依法对食品检验机构直接负责的主管人员和食品检验人员给予撤职或者开除处分；导致发生重大食品安全事故的，对直接负责的主管人员和食品检验人员给予开除处分。

违反本法规定，受到开除处分的食品检验机构人员，自处分决定作出之日起十年内不得从事食品检验工作；因食品安全违法行为受到刑事处罚或者因出具虚假检验报告导致发生重大食品安全事故受到开除处分的食品检验机构人员，终身不得从事食品检验工作。食品检验机构聘用不得从事食品检验工作的人员的，由授予其资质的主管部门或者机构撤销该食品检验机构的检验资质。

食品检验机构出具虚假检验报告，使消费者的合法权益受到损害的，应当与食品生产经营者承担连带责任。

## 【案例解读】

李先生在当地一家超市购买了5瓶高档红酒，在喝完红酒的当天晚上，李先生及家人均出现腹痛等身体不适。于是李先生怀疑其买的酒为假酒，遂要求该超市提供相应的检测报告来验证酒的真假，而该超市马上将报告提供给李先生。但李先生发现该检测报告上的内容非常简陋，且有几处文字互相矛盾，因此他觉得这份检测报告有问题，后来经过当地质检部门调查，发现是由于食品检验机构和生产商合谋串通，出具虚假的食品检验报告，以赚取巨额利润。最后，该食品机构承担了相应的法律责任。

## 【我要提问】

食品检验机构出具虚假检验报告应当承担什么法律责任？

## 【专家说法】

根据《食品安全法》第八十五条的规定，食品检验由食品检验机构指定的检验人独立进行。同时检验人应当依照有关法律、法规的规定，并按照食品安全标准和检验规范对食品进行检验，尊重科学，恪守职业道德，保证出具的检验数据和结论客观、公正，不得出具虚假检验报告。同时该法第一百三十八条规定，违反本法规定，食品检验机构、食品检验人员出具虚假检验报告的，由授予其资质的主管部门或者机构撤销该食品检验机构的检验资质，没收所收取的检验费用，并处检验费用五倍以上十倍以下罚款，检验费用不足一万元的，并处五万元以上十万元以下罚款；依法对食品检验机构直接负责的主管人员和食品检验人员给予撤职或者开除处分；导致发生重大食品安全事故的，对直接负责的主管人员和食品检验人员给予开除处分。违反本法规定，受到开除处分的食品检验机构人员，自处分决定作出之日起十年内不得从事食品检验工作；因食品安全违法行为受到刑事处罚或者因出具虚假检验报告导致发生重大食品安全事故受到开除处分的食品检验机构人员，终身不得从事食品检验工作。食品检验机构聘用不得从事食品检验工作的人员的，由授予其资质的主管部门或者机构撤销该食品检验机构的检验资质。食品检验机构出具虚假检验报告，使消费者的合法权益受到损害的，应当与食品生产经营者承担连带责任。本案例中，该检验机构和生产商串通，出具虚假检验报告，应当根据法律规定承担相应的法律责任。

## 【一句话点评】

食品检验机构应当依据法律规定，客观、公正地进行食品质量检测，尊重科学，恪守职业道德，不得违法出具虚假检验报告，否则要承担相应的行政处罚。

# 政府的食品药品监督管理部门委托食品检验机构进行检验时，需要支付相关费用吗？

## 【法律条文】

第八十七条　县级以上人民政府食品药品监督管理部门应当对食品进行定期或者不定期的抽样检验，并依据有关规定公布检验结果，不得免检。进行抽样检验，应当购买抽取的样品，委托符合本法规定的食品检验机构进行检验，并支付相关费用；不得向食品生产经营者收取检验费和其他费用。

## 【案例解读】

2017年1月28日，某市食品药品监督管理局频繁接到消费者举报，称当地的奶制品市场混乱，经常出现问题奶品。由于食品药品监督管理局自身资源有限，不能全面开展当地的奶制品检测，为了弥补此缺陷，该食品药品监督管理局决定以招标的方式委托专业的食品检验机构专门负责此检验工作。后来经过法定招标投标程序，该市的某食品检验机构成功中标，并于2月10日和该市食品药品监督管理局签订了正式的合同，约定该检测机构依法承担鲜奶、乳制品、发酵乳等的检测项目。此时，该市的食品药品监督管理局需要支付相关费用吗？

**??**

**【我要提问】**

　　政府的食品药品监督管理部门委托食品检验机构进行检验时，需要支付相关费用吗？

**【专家说法】**

　　有效的监督食品安全的手段之一就是政府相关部门对食品进行抽检。近些年来，各级政府高度重视食品安全，积极组织开展食品安全各项工作，食品安全监督管理机制逐步完善，监管能力和水平逐步提升。但是，从目前的现实情况看，食品安全的基础工作仍然薄弱，制约食品安全的深层次问题仍未得到根本解决，单靠政府进行监督不够全面，在食品检验过程中引进第三方专业食品检验机构能有效提升食品监督管理的效率和范围。根据我国《食品安全法》第八十七条的规定，县级以上人民政府食品药品监督管理部门应当对食品进行定期或者不定期的抽样检验，并依据有关规定公布检验结果，不得免检。进行抽样检验，应当购买抽取的样品，委托符合本法规定的食品检验机构进行检验，并支付相关费用；不得向食品生产经营者收取检验费和其他费用。由此可看出，政府食品药品监督管理局有权委托合法的食品检验机构进行抽样检验，但应当向其支付费用，而不得向生产经营者收取检验费。

**【一句话点评】**

　　法律规定政府相关部门有权以付费的方式委托第三方食品检验机构进行检验。

# 第六章

# 食品安全事故处置与监督管理

网络谣言

维权行动

追责

黑名单

失信企业：

某某企业

# 食品药品监督管理部门有权查阅涉案企业的相关材料吗？

## 【法律条文】

第一百一十条　县级以上人民政府食品药品监督管理、质量监督部门履行各自食品安全监督管理职责，有权采取下列措施，对生产经营者遵守本法的情况进行监督检查：

（三）查阅、复制有关合同、票据、账簿以及其他有关资料。

## 【案例解读】

2016年9月，一家生产苹果汁企业的产品出现质量问题，很多消费者在喝了其生产的苹果汁后出现了呕吐等现象。后来，相关监督管理部门对该企业的产品展开了调查。在调查的过程中，当地的食品监督管理部门需要查阅该企业的相关票据、账簿等情况。然而，当食品监督管理部门要求该企业出示相关的材料时，该企业的工作人员认为账簿等这些资料属于公司的秘密，如果出示这些资料很可能会损害公司的利益，因此，拒绝了监管部门的要求。该企业的做法对吗？

## 【我要提问】

食品药品监督管理部门有权查阅涉案企业的相关材料吗？

## 【专家说法】

根据《食品安全法》第一百一十条的规定，县级以上人民政府食品药品监督管理、质量监督部门履行各自食品安全监督管理职责，有权查阅、复制有关合同、票据、账簿以及其他有关资料，对生产经营者遵守本法的情况进行监督检查。由此可知，法律赋予了食品药品监督管理部门查阅涉案企业相关资料信息的权力，当监管部门进行查阅时，企业不得拒绝。本案例中，该公司拒绝食品药品监督管理部门查阅其账簿、票据等情况的行为是不合法的。该公司应该依照规定向监督管理部门出示相关的资料，对食品监督管理部门的工作予以配合。

## 【一句话点评】

食品药品监督管理部门在执行任务、依法履行职责的过程中，相关的企业应该予以配合，及时提供监管部门所需要的相关材料。

# 什么情况下可以对企业的责任人进行责任约谈？

## 【法律条文】

第一百一十四条　食品生产经营过程中存在食品安全隐患，未及时采取措施消除的，县级以上人民政府食品药品监督管理部门可以对食品生产经营者的法定代表人或者主要负责人进行责任约谈。食品生产经营者应当立即采取措施，进行整改，消除隐患。责任约谈情况和整改情况应当纳入食品生产经营者食品安全信用档案。

## 【案例解读】

一家生产火腿的公司所生产的火腿向当地的很多超市供货。2016年6月，当地的食品药品监督管理部门收到举报，称该公司为了节约成本，其生产火腿的程序存在问题。虽然食用者可能感觉不到，但是如果消费者长期食用，则会对消费者的健康造成很大的损害。其实，该公司知道这种生产方法存在安全隐患，但是为了节约生产资金一直未将其改正。于是，当地食品药品监督管理部门在收到举报之后，决定对该企业的负责人进行责任约谈，请他按照规定生产火腿，保证食品安全。

## 【我要提问】

什么情况下可以对企业的责任人进行责任约谈？

## 【专家说法】

我国《食品安全法》第一百一十四条规定，食品生产经营过程中存在食品安全隐患，未及时采取措施消除的，县级以上人民政府食品药品监督管理部门可以对食品生产经营者的法定代表人或者主要负责人进行责任约谈。食品生产经营者应当立即采取措施，进行整改，消除隐患。责任约谈情况和整改情况应当纳入食品生产经营者食品安全信用档案。由此可知，当企业生产的食品存在安全隐患时，如果未及时消除安全隐患，食品药品监督管理部门可以对食品生产经营者的法定代表人或者主要负责人进行责任约谈。

## 【一句话点评】

食品的生产经营者在生产食品的过程中应该按照食品安全标准进行操作，若发现存在食品的安全隐患时，要及时采取措施以消除安全隐患。否则，相关的食品药品监督管理部门可能会对相关负责人进行责任约谈。

# 购买到不符合安全标准的食品并造成了损害，消费者应如何维权？

## 【法律条文】

### 《中华人民共和国消费者权益保护法》

**第三十九条**　消费者和经营者发生消费者权益争议的，可以通过下列途径解决：

（一）与经营者协商和解；

（二）请求消费者协会或者依法成立的其他调解组织调解；

（三）向有关行政部门投诉；

（四）根据与经营者达成的仲裁协议提请仲裁机构仲裁；

（五）向人民法院提起诉讼。

## 【案例解读】

2016 年 10 月 3 日，小王去超市采购，见到有服务员在促销面包，小王一看面包的价格很实惠，就买了很多。可是在小王回家吃完面包后，就出现了胃部不适，且呕吐不停。小王的父母见状赶紧送他到医院诊治，医生经过诊疗，认为是由于小王食用的面包所致，经检验，是该厂商在生产面包时使用了变质的原料。此时，小王该如何维护自己的合法权益呢？

## 【我要提问】

购买到不符合安全标准的食品并造成了损害，消费者应如何维权？

## 【专家说法】

根据《中华人民共和国消费者权益保护法》第三十九条的规定，消费者和经营者发生消费者权益争议的，可以通过下列途径解决：（一）与经营者协商和解；（二）请求消费者协会或者依法成立的其他调解组织调解；（三）向有关行政部门投诉；（四）根据与经营者达成的仲裁协议提请仲裁机构仲裁；（五）向人民法院提起诉讼。根据上述法律规定，本案例中的小王可以通过以下方式来维护自己的合法权益：第一，与超市就赔偿额进行协商和解；第二，请求当地的消费者协会或者依法成立的其他调解组织调解；第三，向当地有关部门投诉该超市；第四，向人民法院起诉该超市。

【一句话点评】

　　当购买到的食品不符合食品安全标准并使消费者的合法权益受到损害时，消费者应选取恰当的方式进行维权。

# 职工在举报其所在单位后，该单位有权将其开除吗？

## 【法律条文】

**第一百一十五条**　有关部门应当对举报人的信息予以保密，保护举报人的合法权益。举报人举报所在企业的，该企业不得以解除、变更劳动合同或者其他方式对举报人进行打击报复。

**第一百三十三条**　违反本法规定，对举报人以解除、变更劳动合同或者其他方式打击报复的，应当依照有关法律的规定承担责任。

## 【案例解读】

小红是某食品公司的一名员工，该公司主要生产各种熟食，并在生产之后进行真空包装。2016 年年底，由于公司的业务量增多，为了能够按时完成订单，满足客户的需求，该公司便开始简化生产食品的流程，生产出来的食品没有经过检验合格就马上被运送给各个客户，流向市场。小红觉得公司这样做对消费者不负责任，很可能会导致食品安全问题。于是她向公司负责人提出自己的想法，但该负责人不仅没有采纳她的建议，而且还训斥了她。小红无奈，便向当地的食品药品监督管理部门举报该公司的违法行为。后来，相关部门对该公司做出了处罚决定，并要求其按照食品安全标准生产食品。当该公司知道是小红举报之后，便与她解除了劳动合同。该公司的这种行为正确吗？

## 【我要提问】

职工在举报其所在单位后，该单位有权将其开除吗？

## 【专家说法】

我国《食品安全法》第一百一十五条明确规定，有关部门应当对举报人的信息予以保密，保护举报人的合法权益。举报人举报所在企业的，该企业不得以解除、变更劳动合同或者其他方式对举报人进行打击报复。由此可知，有关部门应该对举报人的信息进行保密，即便是举报人所举报的是自己的工作单位，该单位也不得以此为由开除举报人。在本案例中，该公司应依照法律规定，不能因为小红的举报行为而将其开除。同时依照本法第一百三十三条的规定，该公司还要承担相应的法律责任。

## 【一句话点评】

我国法律规定要求相关部门对举报人的信息进行保密，即便企业知道是自己的员工进行举报的，该企业也不能以此为由与员工解除劳动合同。

# 编造、散布虚假食品安全信息的行为违法吗?

## 【法律条文】

**第一百二十条**　任何单位和个人不得编造、散布虚假食品安全信息。

县级以上人民政府食品药品监督管理部门发现可能误导消费者和社会舆论的食品安全信息，应当立即组织有关部门、专业机构、相关食品生产经营者等进行核实、分析，并及时公布结果。

**第一百四十一条**　违反本法规定，编造、散布虚假食品安全信息，构成违反治安管理行为的，由公安机关依法给予治安管理处罚。

媒体编造、散布虚假食品安全信息的，由有关主管部门依法给予处罚，并对直接负责的主管人员和其他直接责任人员给予处分；使公民、法人或者其他组织的合法权益受到损害的，依法承担消除影响、恢复名誉、赔偿损失、赔礼道歉等民事责任。

## 【案例解读】

A公司是某市一家生产牛肉干的公司，由于其生产的牛肉干味道鲜美，得到了很多消费者的喜爱。B公司同样是该市一家生产牛肉干的公司，但是其公司的销量一直不如A公司。A公司供应着很多家超市，而B公司的生意却是一直在走下坡路。后来，B公司的总经理贾某为了阻止A公司的发展，便在网上散布A公司使用掺入瘦肉精的肉生产火腿的消息。在贾某散布虚假信息之后，给消费者造成了恐慌，使A公司的销量大幅下滑，损失惨重。贾某的这种行为是否违法？

## 【我要提问】

编造、散布虚假食品安全信息的行为违法吗？

## 【专家说法】

当前，不少自媒体为博取眼球，提高点击率，谋取非法利益，借助食品安全话题，利用移花接木、生编硬造等多种手段，散布虚假食品安全信息，误导市民。依据我国现行《食品安全法》第一百二十条的规定，任何单位和个人不得编造、散布虚假食品安全信息。县级以上人民政府食品药品监督管理部门发现可能误导消费者和社会舆论的食品安全信息，应当立即组织有关部门、专业机构、相关食品生产经营者等进行核实、分析，并及时公布结果。由此可知，编造、散布虚假食品安全信息的行为是违法的，是被法律所禁止的。本案例中，贾某编造、散布虚假食品安全信息的行为是违法的。同时，根据该法第一百四十一条的规定，违反本法规定，编造、散布虚假食品安全信息，构成违反治安管理行为的，由公安机关依法给予治安管理处罚。因此，如果贾某的行为违反了治安管理，则会受到相应的处罚。

## 【一句话点评】

根据我国法律的相关规定，编造、散布虚假食品安全信息的行为是违法的，禁止任何单位和个人编造、散布虚假食品安全信息。

# 企业隐瞒食品安全事故的行为是否违法?

## 【法律条文】

**第一百零三条**　发生食品安全事故的单位应当立即采取措施,防止事故扩大。事故单位和接收病人进行治疗的单位应当及时向事故发生地县级人民政府食品药品监督管理、卫生行政部门报告。

任何单位和个人不得对食品安全事故隐瞒、谎报、缓报,不得隐匿、伪造、毁灭有关证据。

**第一百二十八条**　违反本法规定,事故单位在发生食品安全事故后未进行处置、报告的,由有关主管部门按照各自职责分工责令改正,给予警告;隐匿、伪造、毁灭有关证据的,责令停产停业,没收违法所得,并处十万元以上五十万元以下罚款;造成严重后果的,吊销许可证。

## 【案例解读】

2015 年 6 月，一家生产熟食的公司，在生产出熟食之后，并没有立刻进行包装，由于没有采取适当的措施，第二天食物已经变质。该公司为了避免此次事件带来的损失，仍然把这些变质的熟食进行包装之后投入了市场。很多消费者在吃了这批熟食之后出现呕吐、腹泻等现象。因为该企业供应的只是当地的几家超市，平时与这几家超市都很熟，在出现食品安全事故之后，该公司马上将食品召回，并通知这几家超市，请他们安抚消费者，且告诉这几家超市的负责人无论如何也不能让当地食品药品监督管理部门知道。该公司的行为违法吗？

## 【我要提问】

企业隐瞒食品安全事故的行为是否违法？

## 【专家说法】

我国《食品安全法》第一百零三条规定，发生食品安全事故的单位应当立即采取措施，防止事故扩大。事故单位和接收病人进行治疗的单位应当及时向事故发生地县级人民政府食品药品监督管理、卫生行政部门报告。任何单位和个人不得对食品安全事故隐瞒、谎报、缓报，不得隐匿、伪造、毁灭有关证据。由此可知，在发生食品安全事故之后，相关单位不仅应该采取措施，防止损失的扩大，而且还应该按照法律规定，依法上报食品安全事故，任何人不得隐瞒。本案例中，该公司虽然在事故发生之后，立刻采取了措施，召回有问题的熟食，防止了损失的扩大，但是，其隐瞒食品安全事故的行为是法律所禁止的。同时，依据该法第一百二十八条的规定，事故单位在发生食品安全事故后未进行处置、报告的，由有关主管部门按照各自职责分工责令改正，给予警告；隐匿、伪造、毁灭有关证据的，责令停产停业，没收违法所得，并处十万元以上五十万元以下罚款；造成严重后果的，吊销许可证。

## 【一句话点评】

　　任何单位和个人如果隐瞒食品安全事故，都将会受到相应的法律制裁。

# 企业有义务配合食品安全事故调查部门进行调查吗？

**【法律条文】**

　　**第一百零八条**　食品安全事故调查部门有权向有关单位和个人了解与事故有关的情况，并要求提供相关资料和样品。有关单位和个人应当予以配合，按照要求提供相关资料和样品，不得拒绝。

　　任何单位和个人不得阻挠、干涉食品安全事故的调查处理。

　　**第一百三十三条**　违反本法规定，拒绝、阻挠、干涉有关部门、机构及其工作人员依法开展食品安全监督检查、事故调查处理、风险监测和风险评估的，由有关主管部门按照各自职责分工责令停产停业，并处二千元以上五万元以下罚款；情节严重的，吊销许可证；构成违反治安管理行为的，由公安机关依法给予治安管理处罚。

## 【案例解读】

2016 年 12 月，很多消费者在购买了一家生产火腿的企业所售出的火腿之后，出现了中毒的现象。当地的食品药品监督管理部门在得到消息之后，马上对该企业开展调查。在询问该公司相关信息时，该公司都说不知道，声称其一直是严格按照标准进行生产的。该企业不配合食品药品监督管理部门的行为导致相关部门无法开展调查工作。该企业的做法对吗？

## 【我要提问】

企业有义务配合食品安全事故调查部门进行调查吗？

## 【专家说法】

根据我国《食品安全法》第一百零八条的规定，食品安全事故调查部门有权向有关单位和个人了解与事故有关的情况，并要求提供相关资料和样品。有关单位和个人应当予以配合，按照要求提供相关资料和样品，不得拒绝。任何单位和个人不得阻挠、干涉食品安全事故的调查处理。由此可知，在相关部门进行食品安全事故的调查时，企业必须配合相应的调查工作，如果不予配合，将会承担相应的法律责任。且该法第一百三十三条规定，拒绝、阻挠、干涉有关部门、机构及其工作人员依法开展食品安全监督检查、事故调查处理、风险监测和风险评估的，由有关主管部门按照各自职责分工责令停产停业，并处二千元以上五万元以下罚款；情节严重的，吊销许可证；构成违反治安管理行为的，由公安机关依法给予治安管理处罚。因此，该公司必须配合相关部门的调查，否则要承担相应的法律责任。

## 【一句话点评】

如果企业不依法履行相关的义务，则很可能会受到法律的制裁。

第七章

# 食品安全维权指导

# 消费者因食品安全受到人身损害起诉后，何地法院有管辖权？

## 【法律条文】

### 《中华人民共和国消费者权益保护法》

**第五条**　国家保护消费者的合法权益不受侵害。

**第七条**　消费者在购买、使用商品和接受服务时享有人身、财产安全不受损害的权利。

消费者有权要求经营者提供的商品和服务，符合保障人身、财产安全的要求。

### 《中华人民共和国民事诉讼法》

**第二十八条**　因侵权行为提起的诉讼，由侵权行为地或者被告住所地人民法院管辖。

## 【案例解读】

小包家在河南郑州，听说服用某种保养品有助于补充皮肤的水分，促进护肤品更好地吸收，因此小包决定去商场买这种保养品。购买后小包迫不及待地回到家服用了该保养品，然而，服用之后小包发现自己的身体越来越臃肿。于是去医院就诊，医生说她的臃肿应该和她服用的保养品有关，该保养品含有激素，服用后会使人变得臃肿。听完医生的话，一直爱美的小包非常痛恨该保养品的生产商，想起诉该生产商，让产商赔偿自己的损失，可是该保养品的产地是深圳，因此她不知该向何地法院起诉？

## 【我要提问】

消费者因食品安全受到人身损害起诉后，何地法院有管辖权？

## 【专家说法】

《中华人民共和国消费者权益保护法》第五条规定，国家保护消费者的合法权益不受侵害。同时该法第七条明确规定，消费者在购买、使用商品和接受服务时享有人身、财产安全不受损害的权利。消费者有权要求经营者提供的商品和服务，符合保障人身、财产安全的要求。由此可以看出，我国法律非常注重消费者权利的保护。另外，根据《中华人民共和国民事诉讼法》第二十八条的规定，因侵权行为提起的诉讼，由侵权行为地或者被告住所地人民法院管辖。本案例中，该保健品生产商侵犯了小包的健康权，属于侵权行为，根据上述法律规定，小包可以在侵权行为地郑州或被告住所地深圳的人民法院起诉。

## 【一句话点评】

我国法律明确规定消费者的合法权益不受损害，食品生产者或经营者提供的食品损害消费者的身体健康等合法权益的，属于侵权行为。消费者依法可以选择向侵权行为发生地或被告住所地法院起诉。

# 食品安全诉讼中，应提交哪些证据？

## 【法律条文】

### 《中华人民共和国民事诉讼法》

**第六十三条** 证据包括：

（一）当事人的陈述；

（二）书证；

（三）物证；

（四）视听资料；

（五）电子数据；

（六）证人证言；

（七）鉴定意见；

（八）勘验笔录。

证据必须查证属实，才能作为认定事实的根据。

**第六十四条** 当事人对自己提出的主张，有责任提供证据。

## 【案例解读】

小王去超市买了一块牛肉，但在吃了煮熟的牛肉后开始腹泻，后父母赶紧把他送去医院就诊，经检验，认为是由于小王所吃的牛肉有问题才引起腹泻的。事后小王想着自己是受害者，不能再让更多的人受害，于是他想要起诉这家超市，赔偿自己的损失。他该怎么做呢？

## 【我要提问】

食品安全诉讼中，应提交哪些证据？

## 【专家说法】

根据《中华人民共和国民事诉讼法》第六十三条的规定，证据包括：（一）当事人的陈述；（二）书证；（三）物证；（四）视听资料；（五）电子数据；（六）证人证言；（七）鉴定意见；（八）勘验笔录。证据必须查证属实，才能作为认定事实的根据。其中，证据具有三性：1.客观性，即证据必须是客观存在的；2.关联性，即证据必须与案件有关联；3.合法性，即证据的内容和形式必须符合法律的规定。在我国，一般的诉讼原则是谁主张，谁举证。在本案例中，小王要想起诉该超市，就应该提交物证和书证。物证包括自己购买的不符合安全标准的食品；书证包括医生的诊断证明，自己花费的医疗费用的票据，以及自己在该超市购买牛肉的购物小票等。

## 【一句话点评】

当消费者因食品安全问题受到伤害时，若要采取诉讼方式解决纠纷，则需要提交的证据应当尽量包括购买的不符合安全标准的食品，医生的诊断证明，自己花费的医疗费用的票据以及自己购买该食品的购物小票等。

# 对于投诉举报食品安全问题时，什么情况下有可能被驳回？

## 【法律条文】

### 《食品药品投诉举报管理办法》

**第十二条**　对符合本办法第二条规定的投诉举报，食品药品投诉举报机构或者管理部门应当依法予以受理。

投诉举报具有下列情形之一的，不予受理并以适当方式告知投诉举报人：

（一）无具体明确的被投诉举报对象和违法行为的；

（二）被投诉举报对象及违法行为均不在本食品药品投诉举报机构或者管理部门管辖范围的；

（三）不属于食品药品监督管理部门监管职责范围的；

（四）投诉举报已经受理且仍在调查处理过程中，投诉举报人就同一事项重复投诉举报的；

（五）投诉举报已依法处理，投诉举报人在无新线索的情况下以同一事实或者理由重复投诉举报的；

（六）违法行为已经超过法定追诉时限的；

（七）应当通过诉讼、仲裁、行政复议等法定途径解决或者已经进入上述程序的；

（八）其他依法不应当受理的情形。

投诉举报中同时含有应当受理和不应当受理的内容，能够作区分处理的，对不应当受理的内容不予受理。

## 【案例解读】

小丽考上了中国法学的最高学府，在大学入学后，她经常研读一些法学专家的论文，老师和同学们对她也是赞赏有加。一次，她看到了一篇关于食品药品投诉举报的论文，看完之后她很想知道，对于投诉举报食品安全问题时，在哪些情形下有可能被驳回呢？

## 【我要提问】

对于投诉举报食品安全问题时，什么情况下有可能被驳回？

## 【专家说法】

根据《食品药品投诉举报管理办法》第十二条的规定，投诉举报具有下列情形之一的，不予受理并以适当方式告知投诉举报人：（一）无具体明确的被投诉举报对象和违法行为的；（二）被投诉举报对象及违法行为均不在本食品药品投诉举报机构或者管理部门管辖范围的；（三）不属于食品药品监督管理部门监管职责范围的；（四）投诉举报已经受理且仍在调查处理过程中，投诉举报人就同一事项重复投诉举报的；（五）投诉举报已依法处理，投诉举报人在无新线索的情况下以同一事实或者理由重复投诉举报的；（六）违法行为已经超过法定追诉时限的；（七）应当通过诉讼、仲裁、行政复议等法定途径解决或者已经进入上述程序的；（八）其他依法不应当受理的情形。本案例中，小明可以参照以上法律规定来理解该问题。

【一句话点评】

　　不是消费者所有的投诉举报行为都会被受理，投诉举报具有法律规定不予受理情形的，食品药品监督管理部门可不予受理。

# 投诉举报食品安全问题时，应去哪个部门？

## 【法律条文】

### 《食品药品投诉举报管理办法》

**第十三条**　投诉举报人应当向有管辖权的食品药品投诉举报机构进行投诉举报。属于县级食品药品监督管理部门职责的，投诉举报人应当向涉嫌违法主体所在地或者涉嫌违法行为发生地县级食品药品投诉举报机构进行投诉举报。

对食品药品投诉举报实行统一受理的省、自治区、直辖市，投诉举报人可以向省、自治区、直辖市食品药品投诉举报机构提出投诉举报。

两个以上食品药品投诉举报机构或者管理部门均有管辖权的，由最先收到投诉举报的食品药品投诉举报机构或者管理部门管辖。

## 【案例解读】

夫妻小王和小杨的家附近有一家有名的海鲜大饭店。一次，小杨下班后，和小王在这家海鲜饭店吃晚饭。令人想不到的是，两人晚上回家以后，身体开始出现胃疼、浑身出虚汗等不适。于是两人挣扎着来到小区附近的诊所就诊，经检验，认为是由于海鲜有问题才导致他们身体不舒服的。因此，他们很想投诉这家海鲜大饭店，但不知应去哪个部门举报？

## 【我要提问】

投诉举报食品安全问题时，应去哪个部门？

## 【专家说法】

根据《食品药品投诉举报管理办法》第十三条的规定，投诉举报人应当向有管辖权的食品药品投诉举报机构进行投诉举报。属于县级食品药品监督管理部门职责的，投诉举报人应当向涉嫌违法主体所在地或者涉嫌违法行为发生地县级食品药品投诉举报机构进行投诉举报。对食品药品投诉举报实行统一受理的省、自治区、直辖市，投诉举报人可以向省、自治区、直辖市食品药品投诉举报机构提出投诉举报。两个以上食品药品投诉举报机构或者管理部门均有管辖权的，由最先收到投诉举报的食品药品投诉举报机构或者管理部门管辖。本案例中，小王和小杨应向当地的食品药品投诉举报机构进行投诉举报。

## 【一句话点评】

消费者在投诉举报存在食品安全问题的商家时，应该向有管辖权的食品药品投诉举报机构进行投诉举报。

# 投诉举报人的信息会被保密吗?

## 【法律条文】

### 《食品药品投诉举报管理办法》

**第三十三条** 各级食品药品投诉举报机构及投诉举报承办部门应当依法保护投诉举报人、被投诉举报对象的合法权益,遵守下列工作准则:

(一)与投诉举报内容或者投诉举报人、被投诉举报对象有直接利害关系的,应当回避;

(二)投诉举报登记、受理、处理、跟踪等各个环节,应当依照有关法律法规严格保密,建立健全工作责任制,不得私自摘抄、复制、扣押、销毁投诉举报材料;

(三)严禁泄露投诉举报人的相关信息;严禁将投诉举报人信息透露给被投诉举报对象及与投诉举报案件查处无关的人员,不得与无关人员谈论投诉举报案件情况;

(四)投诉举报办理过程中不得泄露被投诉举报对象的信息。

## 【案例解读】

王大娘去当地一家超市购买冷鲜肉后,为女儿做红烧肉。但是,吃了红烧肉的女儿出现了胃痛等不适。王大娘见女儿这样吓了一跳,赶紧送女儿去医院诊治。经检验,医生认为是由于王大娘做的红烧肉的原料,即冷鲜肉有质量问题,导致女儿出现急性肠胃炎。王大娘当时又气又急,想要投诉这家超市,又害怕自己的信息被泄露后受到其报复。王大娘该怎么做呢?

## 【我要提问】

投诉举报人的信息会被保密吗?

## 【专家说法】

根据《食品药品投诉举报管理办法》第三十三条的规定,食品药品监督管理部门进行投诉举报登记、受理、处理、跟踪等各个环节,不得私自摘抄、复制、扣押、销毁投诉举报材料;同时其工作人员严禁泄露投诉举报人的相关信息;严禁将投诉举报人信息透露给被投诉举报对象及与投诉举报案件查处无关的人员,不得与无关人员谈论投诉举报案件情况。当发生食品安全问题时,很多消费者想举报那些无良商家,但是他们又担心自己的信息被泄露而犹豫不决。其实根据我国法律的规定,食品药品监督管理部门是会对举报者的信息保密的,投诉举报人不要有太多的后顾之忧。

## 【一句话点评】

我国法律规定,食品药品监督管理部门是会对举报者的信息保密的。

# 当食品安全的受害人是未成年人时，谁能够代为起诉？

## 【法律条文】

### 《中华人民共和国民法通则》

第十二条　十周岁以上的未成年人是限制民事行为能力人，可以进行与他的年龄、智力相适应的民事活动；其他民事活动由他的法定代理人代理，或者征得他的法定代理人的同意。不满十周岁的未成年人是无民事行为能力人，由他的法定代理人代理民事活动。

### 《中华人民共和国民事诉讼法》

第五十七条　无诉讼行为能力人由他的监护人作为法定代理人代为诉讼。法定代理人之间互相推诿代理责任的，由人民法院指定其中一人代为诉讼。

## 【案例解读】

李某生有一女儿，但由于李某奶水不足，所以女儿从小就喝奶粉。最近有个品牌的奶粉比较火爆，据广告宣称，该种奶粉营养成分高，有助于孩子的智力发育。于是，李某便一直为女儿购买该品牌的奶粉喝。然而，一年后，媒体曝光了该品牌奶粉里面掺有三聚氰胺，对孩子的成长极为不利。李某当时非常气愤，想要起诉该奶粉生产商，但是她考虑到是自己的孩子受到伤害，不知道该以谁的名义起诉？

## 【我要提问】

当食品安全的受害人是未成年人时，谁能够代为起诉？

## 【专家说法】

根据《中华人民共和国民法通则》第十二条的规定，十周岁以上的未成年人是限制民事行为能力人，可以进行与他的年龄、智力相适应的民事活动；其他民事活动由他的法定代理人代理，或者征得他的法定代理人的同意。不满十周岁的未成年人是无民事行为能力人，由他的法定代理人代理民事活动。同时，《中华人民共和国民事诉讼法》第五十七条明确规定，无诉讼行为能力人由他的监护人作为法定代理人代为诉讼。由此可知，在我国，无民事行为能力人和限制民事行为能力人都是无诉讼行为能力人，需要由他的法定代理人代为诉讼。本案例中，李某的女儿不满十周岁，属于无民事行为能力人，同时也是无诉讼行为能力人，当她的合法权益受到侵害时，应该由她的监护人即她的父母作为法定代理人以她的名义参加诉讼。

## 【一句话点评】

当自己的孩子遇到食品安全问题时，家长可以作为孩子的法定代理人以孩子的名义起诉商家。

# 食品安全问题导致人身伤害的，可以要求精神损害赔偿吗？

## 【法律条文】

### 《中华人民共和国消费者权益保护法》

**第四十九条**　经营者提供商品或者服务，造成消费者或者其他受害人人身伤害的，应当赔偿医疗费、护理费、交通费等为治疗和康复支出的合理费用，以及因误工减少的收入。造成残疾的，还应当赔偿残疾生活辅助具费和残疾赔偿金。造成死亡的，还应当赔偿丧葬费和死亡赔偿金。

**第五十一条**　经营者有侮辱诽谤、搜查身体、侵犯人身自由等侵害消费者或者其他受害人人身权益的行为，造成严重精神损害的，受害人可以要求精神损害赔偿。

**第五十五条**　经营者明知商品或者服务存在缺陷，仍然向消费者提供，造成消费者或者其他受害人死亡或者健康严重损害的，受害人有权要求经营者依照本法第四十九条、第五十一条等法律规定赔偿损失，并有权要求所受损失二倍以下的惩罚性赔偿。

## 【案例解读】

2016 年 12 月 12 日是小李和小魏的结婚纪念日，小李买了蛋糕庆祝。可是在吃完蛋糕之后二人都非常不舒服，于是去医院就诊。经检验，医生认为是由于他们吃的蛋糕有问题，才导致他们生病的。小魏回到家后越想越生气，她想起诉该蛋糕店，赔偿自己的医疗费，并要求该蛋糕店赔偿精神损失。她的这种做法对吗？

## 【我要提问】

食品安全问题导致人身伤害的，可以要求精神损害赔偿吗？

## 【专家说法】

根据《中华人民共和国消费者权益保护法》第四十九条的规定，经营者提供商品或者服务，造成消费者或者其他受害人人身伤害的，应当赔偿医疗费、护理费、交通费等为治疗和康复支出的合理费用，以及因误工减少的收入。在本案例中，蛋糕店出售的蛋糕不符合食品安全标准，造成小魏和小李人身伤害，他们依法可以要求蛋糕店赔偿医疗费和因误工减少的收入等损失。此外，根据该法第五十五条的规定，经营者明知商品或者服务存在缺陷，仍然向消费者提供，造成消费者或者其他受害人死亡或者健康严重损害的，受害人有权要求经营者依照本法第四十九条、第五十一条等法律规定赔偿损失，并有权要求所受损失二倍以下的惩罚性赔偿。所以，若该蛋糕店明知蛋糕存在缺陷仍出售，则小魏和小李还有权要求所受损失二倍以下的惩罚性赔偿，但是不能要求精神赔偿。

## 【一句话点评】

消费者因食品安全问题受到人身伤害时，有权要求生产经营者赔偿医疗费、护理费等损失，但除法律规定的特殊情况之外，消费者一般不能请求赔偿精神损失。

# 食品药品投诉举报途径有哪些？

## 【法律条文】

### 《食品药品投诉举报管理办法》

**第二条**　食品药品投诉举报是指公民、法人或者其他组织向各级食品药品监督管理部门反映生产者、经营者等主体在食品（含食品添加剂）生产、经营环节中有关食品安全方面，药品、医疗器械、化妆品研制、生产、经营、使用等环节中有关产品质量安全方面存在的涉嫌违法行为。

**第八条**　各级食品药品监督管理部门应当畅通"12331"电话、网络、信件、走访等投诉举报渠道，建立健全一体化投诉举报信息管理系统，实现全国食品药品投诉举报信息互联互通。

## 【案例解读】

小王是一名大三的学生，2016年4月1日下午下课后，他从学校旁边的小吃店买了一碗臭豆腐带回宿舍吃。臭豆腐虽然闻着很臭，但是吃起来很香，小王以狼吞虎咽之势把臭豆腐吃完了。可没过多久，小王开始出现腹痛难忍，于是同学赶紧送小王去了学校的医务室，经检验，医生认为是由于小王吃的臭豆腐有质量问题，才导致他腹痛的。第二天早上小王症状缓解后，想去投诉举报该小吃店，可是他不知道应通过什么途径进行举报？

## 【我要提问】

食品药品投诉举报途径有哪些？

## 【专家说法】

根据《食品药品投诉举报管理办法》第二条的规定，食品药品投诉举报是指公民、法人或者其他组织向各级食品药品监督管理部门反映生产者、经营者等主体在食品（含食品添加剂）生产、经营环节中有关食品安全方面，药品、医疗器械、化妆品研制、生产、经营、使用等环节中有关产品质量安全方面存在的涉嫌违法行为。同时，根据该法第八条的规定，各级食品药品监督管理部门应当畅通"12331"电话、网络、信件、走访等投诉举报渠道，建立健全一体化投诉举报信息管理系统，实现全国食品药品投诉举报信息互联互通。由此可知，本案例中，小王可以通过拨打"12331"电话、网络、信件、走访等投诉举报渠道投诉举报该小吃店。

**【一句话点评】**

　　无论是公民、法人还是其他组织在发现食品在生产经营过程中或者药品、医疗器械、化妆品研制、生产、经营、使用等环节中存在质量安全问题的，都可以向各级食品药品监督管理部门反映。

# 举报生产不合格食品的厂家时，需要提供和说明哪些材料和信息呢？

## 【法律条文】

### 《食品药品投诉举报管理办法》

**第十一条** 投诉举报人应当提供客观真实的投诉举报材料及证据，说明事情的基本经过，提供被投诉举报对象的名称、地址、涉嫌违法的具体行为等详细信息。

提倡实名投诉举报。投诉举报人不愿提供自己的姓名、身份、联系方式等个人信息或者不愿公开投诉举报行为的，应当予以尊重。

## 【案例解读】

2017年3月5日，小王在下晚自习后来到小吃街，买了些榴莲，便边吃边回宿舍，不一会儿小王就开始胃痛。由于疼痛难忍，就去学校旁边的门诊就诊，经检验，是由于榴莲有问题才导致他胃痛的。小王得知这一消息后，立刻想到的是要举报该榴莲店，但他不知道需要提供哪些材料和信息？

## 【我要提问】

举报生产不合格食品的厂家时，需要提供和说明哪些材料和信息呢？

## 【专家说法】

根据《食品药品投诉举报管理办法》第十一条的规定，投诉举报人应当提供客观真实的投诉举报材料及证据，说明事情的基本经过，提供被投诉举报对象的名称、地址、涉嫌违法的具体行为等详细信息。由此可知，投诉举报人要想投诉不良商家，需要提供有关的证据和材料，并说明商家的一些具体信息。本案例中，小王想要举报该榴莲店，应提供该店有问题的食品，以及小王在该店购买食品的凭证、医生的诊断证明等材料。同时小王还应该提供该家榴莲店的名称、地址以及生产的榴莲不符合食品安全标准等详细信息。

## 【一句话点评】

为了方便各级食品药品监督管理部门查处涉嫌违法的商家，消费者需要提供被投诉举报对象的名称、地址、涉嫌违法的具体行为等详细信息。

# 集体食物中毒事件中的受害者应该如何起诉？

## 【法律条文】

### 《中华人民共和国民事诉讼法》

**第五十二条** 当事人一方或者双方为二人以上，其诉讼标的是共同的，或者诉讼标的是同一种类、人民法院认为可以合并审理并经当事人同意的，为共同诉讼。

**第五十三条** 当事人一方人数众多的共同诉讼，可以由当事人推选代表人进行诉讼。代表人的诉讼行为对其所代表的当事人发生效力，但代表人变更、放弃诉讼请求或者承认对方当事人的诉讼请求，进行和解，必须经被代表的当事人同意。

## 【案例解读】

2016 年 12 月 12 日，某饭店给当地一家出版社提供的午餐中有一道特色菜，味道鲜美，大家都吃得很香。不料，在他们吃完后，都觉得浑身无力，直冒冷汗，很多人还都昏了过去。有员工见状赶紧拨打 120 急救电话，救护车快速赶来后把生病的员工送往了医院。经过医生诊治，确定是他们食用的菜品有问题，经检验，是饭店在操作时放了过量的食品非法添加物，因此该出版社的员工都想起诉该饭店，他们该如何做呢？

## 【我要提问】

集体食物中毒事件中的受害者应该如何起诉？

## 【专家说法】

根据《中华人民共和国民事诉讼法》第五十三条的规定，当事人一方人数众多的共同诉讼，可以由当事人推选代表人进行诉讼。代表人的诉讼行为对其所代表的当事人发生效力，但代表人变更、放弃诉讼请求或者承认对方当事人的诉讼请求，进行和解，必须经被代表的当事人同意。由此可知，当诉讼一方人数众多的时候，为了方便案件的审理，可以由人数众多一方的当事人推选代表人进行诉讼。同时该法第五十二条规定，当事人一方或者双方为二人以上，其诉讼标的是共同的，或者诉讼标的是同一种类、人民法院认为可以合并审理并经当事人同意的，为共同诉讼。本案例中，该出版社的员工想要起诉该饭店，请求该饭店赔偿自己的损失，属于共同诉讼，为了节省时间和精力，方便法官审理案件，他们可以推选出代表人参加诉讼。

## 【一句话点评】

　　当消费者在集体食物中毒事件中遭受损害时，每个人都向法院起诉既费时又费力，同时法院也会耗费大量成本。为了降低起诉的成本，当受害人人数众多时，可以推选出代表人参加诉讼。

# 第八章

# 食品安全法的其他综合应用

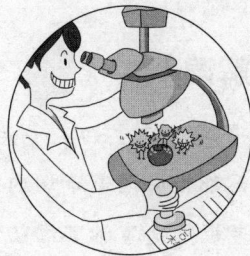

正宗 绿色 食品

处罚

问题 食品

# 未取得食品生产经营许可的经营者应当受到怎样的处罚?

## 【法律条文】

第一百二十二条    违反本法规定,未取得食品生产经营许可从事食品生产经营活动,或者未取得食品添加剂生产许可从事食品添加剂生产活动的,由县级以上人民政府食品药品监督管理部门没收违法所得和违法生产经营的食品、食品添加剂以及用于违法生产经营的工具、设备、原料等物品;违法生产经营的食品、食品添加剂货值金额不足一万元的,并处五万元以上十万元以下罚款;货值金额一万元以上的,并处货值金额十倍以上二十倍以下罚款。

明知从事前款规定的违法行为,仍为其提供生产经营场所或者其他条件的,由县级以上人民政府食品药品监督管理部门责令停止违法行为,没收违法所得,并处五万元以上十万元以下罚款;使消费者的合法权益受到损害的,应当与食品、食品添加剂生产经营者承担连带责任。

## 【案例解读】

郑某是一名家庭主妇,每天早上都会去当地一菜市场买蔬菜水果,每隔几天都会去该菜市场内的一家摊位买灌肠。该家的灌肠是自家制作的,老板总是宣称其灌肠不添加任何食品添加剂,是健康安全的食品,顾客可以放心食用。郑某信以为真,加之郑某的儿子非常喜欢该家的灌肠,每次买回去她的儿子都会吃很多。一次,郑某的儿子在食用该灌肠后,出现身体不适,一直腹泻,于是郑某带其去医院诊治。医生告诉郑某是由食用灌肠所致,经检验,是该摊主在制作灌肠时添加了一些非法添加剂。郑某知道后，很是气愤，认为该家摊主明显是欺骗消费者，严重危害消费者的身体健康，便向当地的卫生行政部门举报该摊位。经过当地食品药品监督管理局核查，发现该家摊位没有取得食品生产经营许可，故对其处以5万元的罚款。

## 【我要提问】

未取得食品生产经营许可的经营者应当受到怎样的处罚？

## 【专家说法】

根据《食品安全法》第一百二十二条的规定，未取得食品生产经营许可从事食品生产经营活动，或者未取得食品添加剂生产许可从事食品添加剂生产活动的，由县级以上人民政府食品药品监督管理部门没收违法所得和违法生产经营的食品、食品添加剂以及用于违法生产经营的工具、设备、原料等物品；违法生产经营的食品、食品添加剂货值金额不足一万元的，并处五万元以上十万元以下罚款；货值金额一万元以上的，并处货值金额十倍以上二十倍以下罚款。本案例中，该家摊位没有取得食品生产许可，故对其处以5万元罚款。

## 【一句话点评】

未取得食品生产经营许可从事食品生产经营活动，或者未取得食品添加剂生产许可从事食品添加剂生产活动的，会受到高额罚款。

# 发生食品安全事故后，隐匿、伪造、毁灭有关证据的经营者应该受到怎样的处罚？

## 【法律条文】

第一百二十八条　违反本法规定，事故单位在发生食品安全事故后未进行处置、报告的，由有关主管部门按照各自职责分工责令改正，给予警告；隐匿、伪造、毁灭有关证据的，责令停产停业，没收违法所得，并处十万元以上五十万元以下罚款；造成严重后果的，吊销许可证。

## 【案例解读】

2016年4月，肖某和他的好朋友杜某创立了一家食品公司，主要生产1周岁到3周岁之间的儿童食品，其主要包括小馒头、蔬菜饼干等有利于儿童成长的食品。但是肖某的公司在10月接到50个消费者的投诉，说他们生产的蔬菜饼干有问题，由于公司刚成立不久，肖某觉得公司不能承担高额的赔付，所以，肖某在和杜某商量之后打算更改公司名称和地址，让消费者找不到该公司。天网恢恢，同年12月，当地食品药品监督管理部门最终还是找到了肖某，查实了他的违法行为，给予肖某50万元的罚款，并责令停产。

## 【我要提问】

发生食品安全事故后，隐匿、伪造、毁灭有关证据的经营者应该受到怎样的处罚？

## 【专家说法】

根据《食品安全法》第一百二十八条的规定，事故单位在发生食品安全事故后未进行处置、报告的，由有关主管部门按照各自职责分工责令改正，给予警告；隐匿、伪造、毁灭有关证据的，责令停产停业，没收违法所得，并处十万元以上五十万元以下罚款；造成严重后果的，吊销许可证。本案例中，肖某隐匿、伪造、毁灭有关证据的行为明显是违法的，应受到法律的惩处。

## 【一句话点评】

事故单位在发生食品安全事故后，应该积极应对，否则会受到法律的严惩。

# 集中交易市场的开办者、柜台出租者、展销会的举办者应当对进入市场的食品经营者精心核查吗？

## 【法律条文】

第一百三十条　违反本法规定，集中交易市场的开办者、柜台出租者、展销会的举办者允许未依法取得许可的食品经营者进入市场销售食品，或者未履行检查、报告等义务的，由县级以上人民政府食品药品监督管理部门责令改正，没收违法所得，并处五万元以上二十万元以下罚款；造成严重后果的，责令停业，直至由原发证部门吊销许可证；使消费者的合法权益受到损害的，应当与食品经营者承担连带责任。

## 【案例解读】

某凉拌菜是当地的一种特色菜，很多商家都在生产这种凉拌菜。张某也是其中的一个商家，他每年都会生产很多这种凉拌菜。但是，2016 年 9 月，有位消费者在吃了这种凉拌菜后，发生了严重的腹泻，于是该消费者把张某和租给张某摊位的交易市场告上了法院。张某最终赔偿了该消费者，同时该交易市场的组织者也受到了责令停业的处罚。而该市场的组织者觉得很冤枉，便找专业律师进行抗诉。该市场的组织者应受到处罚吗？

## 【我要提问】

集中交易市场的开办者、柜台出租者、展销会的举办者应当对进入市场的食品经营者精心核查吗？

## 【专家说法】

根据《食品安全法》第一百三十条的规定，集中交易市场的开办者、柜台出租者、展销会的举办者允许未依法取得许可的食品经营者进入市场销售食品，或者未履行检查、报告等义务的，由县级以上人民政府食品药品监督管理部门责令改正，没收违法所得，并处五万元以上二十万元以下罚款；造成严重后果的，责令停业，直至由原发证部门吊销许可证；使消费者的合法权益受到损害的，应当与食品经营者承担连带责任。

## 【一句话点评】

集中交易市场的开办者、柜台出租者、展销会的举办者应该尽到相应的核查义务，否则会承担连带责任。

# 网络食品交易第三方平台提供者未履行相应法律义务的，应承担哪些法律责任？

## 【法律条文】

　　**第一百三十一条**　违反本法规定，网络食品交易第三方平台提供者未对入网食品经营者进行实名登记、审查许可证，或者未履行报告、停止提供网络交易平台服务等义务的，由县级以上人民政府食品药品监督管理部门责令改正，没收违法所得，并处五万元以上二十万元以下罚款；造成严重后果的，责令停业，直至由原发证部门吊销许可证；使消费者的合法权益受到损害的，应当与食品经营者承担连带责任。

　　消费者通过网络食品交易第三方平台购买食品，其合法权益受到损害的，可以向入网食品经营者或者食品生产者要求赔偿。网络食品交易第三方平台提供者不能提供入网食品经营者的真实名称、地址和有效联系方式的，由网络食品交易第三方平台提供者赔偿。网络食品交易第三方平台提供者赔偿后，有权向入网食品经营者或者食品生产者追偿。网络食品交易第三方平台提供者作出更有利于消费者承诺的，应当履行其承诺。

## 【案例解读】

小明从小就对网络非常感兴趣，在大学时就选择了计算机专业。因为小明很有天赋，在大学还未毕业时，就与他的一名同学建立了一个网站，专门在网上帮助各个商家出售各种食品。2016 年 9 月，樊某准备在他们建立的网站上出售某品牌的香肠。在小明帮樊某入网不久后，便因为樊某出售的香肠存在质量问题，遭到很多消费者的举报。当工商部门找到小明查阅相关资料时，小明并不知道樊某的真实姓名，也从来没有审查过他的许可证。小明认为自己只是帮助樊某在网上卖食品，定期收取一定的费用，没有责任对樊某的食品安全负责。他的这种想法正确吗？

## 【我要提问】

若网络食品交易第三方平台提供者未履行相应法律义务，则应承担哪些法律责任？

## 【专家说法】

随着网络食品交易的越来越流行，食品安全问题也越来越多。《食品安全法》第一百三十一条明确规定，网络食品交易第三方平台提供者未对入网食品经营者进行实名登记、审查许可证，或者未履行报告、停止提供网络交易平台服务等义务的，由县级以上人民政府食品药品监督管理部门责令改正，没收违法所得，并处五万元以上二十万元以下罚款；造成严重后果的，责令停业，直至由原发证部门吊销许可证；使消费者的合法权益受到损害的，应当与食品经营者承担连带责任。消费者通过网络食品交易第三方平台购买食品，其合法权益受到损害的，可以向入网食品经营者或者食品生产者要求赔偿。网络食品交易第三方平台提供者不能提供入网食品经营者的真实名称、地址和有效联系方式的，由网络食品交易第三方平台提供者赔偿。网络食品交易第三方平台提供者赔偿后，有权向入网食品经营者或者食品生产者追偿。网络食品交易第三方平台提供者作出更有利于消费者承诺的，应当履行其承诺。所以，本案例中，小明作为网络食品交易第三方平台提供者，需要承担连带责任，对消费者赔偿。

## 【一句话点评】

　　网络食品交易第三方平台提供者未对入网食品经营者进行实名登记、审查许可证，或者未履行报告、停止提供网络交易平台服务等义务的，由县级以上人民政府食品药品监督管理部门责令改正，没收违法所得，并处五万元以上二十万元以下罚款；造成严重后果的，责令停业，直至由原发证部门吊销许可证；使消费者的合法权益受到损害的，应当与食品经营者承担连带责任。

# 受过食品生产经营处罚的人员，可以再次申请食品生产经营许可证吗？

## 【法律条文】

**第一百三十五条**　被吊销许可证的食品生产经营者及其法定代表人、直接负责的主管人员和其他直接责任人员自处罚决定作出之日起五年内不得申请食品生产经营许可，或者从事食品生产经营管理工作、担任食品生产经营企业食品安全管理人员。

因食品安全犯罪被判处有期徒刑以上刑罚的，终身不得从事食品生产经营管理工作，也不得担任食品生产经营企业食品安全管理人员。

食品生产经营者聘用人员违反前两款规定的，由县级以上人民政府食品药品监督管理部门吊销许可证。

## 【案例解读】

董某原是某市一家股份有限公司的经理，工作几年之后，准备自己创业。2012 年 5 月，董某成立了自己的速冻食品有限责任公司，但是由于食品安全问题被吊销了食品生产经营许可证。2017 年 1 月，董某觉得已经过去了 4 年多，便又想成立一家食品公司。然而当他去申请食品生产经营许可证的时候，被告知他没有资格申请。董某很是疑惑，认为自己没有其他违法行为，为什么不能申请食品经营许可证？

## ?? 【我要提问】

受过食品生产经营处罚的人员，可以再次申请食品生产经营许可证吗？

## 【专家说法】

根据《食品安全法》第一百三十五条的规定，被吊销许可证的食品生产经营者及其法定代表人、直接负责的主管人员和其他直接责任人员自处罚决定作出之日起五年内不得申请食品生产经营许可，或者从事食品生产经营管理工作、担任食品生产经营企业食品安全管理人员。因食品安全犯罪被判处有期徒刑以上刑罚的，终身不得从事食品生产经营管理工作，也不得担任食品生产经营企业食品安全管理人员。食品生产经营者聘用人员违反前两款规定的，由县级以上人民政府食品药品监督管理部门吊销许可证。本案例中，董某自上次处罚后还没有满5年，因此没有资格再次申请食品生产经营许可证。

## 【一句话点评】

食品安全大于天，一旦受到处罚，以后将受到很大的不良影响。

# 食品经营者履行了本法规定的进货查验等义务，还会受到处罚吗？

## 【法律条文】

第一百三十六条　食品经营者履行了本法规定的进货查验等义务，有充分证据证明其不知道所采购的食品不符合食品安全标准，并能如实说明其进货来源的，可以免予处罚，但应当依法没收其不符合食品安全标准的食品；造成人身、财产或者其他损害的，依法承担赔偿责任。

## 【案例解读】

李某在一个小区里经营了一家水果店，他经常从该县的农民那里直接进货。进货时李某都会进行必要的食品进货查验记录。2016年7月，王某从李某的水果店购买了猕猴桃，吃了之后出现严重的腹痛，于是王某找到当地的有关部门，要求李某进行赔偿，李某觉得很委屈。后来，工商部门进行检查时，发现李某有相关的进货查验记录，便对其做出了免于处罚的决定，但是责令其赔偿王某500元的赔偿金。

## 【我要提问】

食品经营者履行了本法规定的进货查验等义务，还会受到处罚吗？

## 【专家说法】

根据《食品安全法》第一百三十六条的规定，食品经营者履行了本法规定的进货查验等义务，有充分证据证明其不知道所采购的食品不符合食品安全标准，并能如实说明其进货来源的，可以免予处罚，但应当依法没收其不符合食品安全标准的食品；造成人身、财产或者其他损害的，依法承担赔偿责任。本案例中，李某虽然免予了行政处罚，但是对消费者应依法承担赔偿责任。

## 【一句话点评】

食品经营者履行了本法规定的进货查验等义务，但对造成人身、财产或者其他损害的消费者，应依法承担赔偿责任。

# 出具虚假食品监测报告者会受到怎样的处罚？

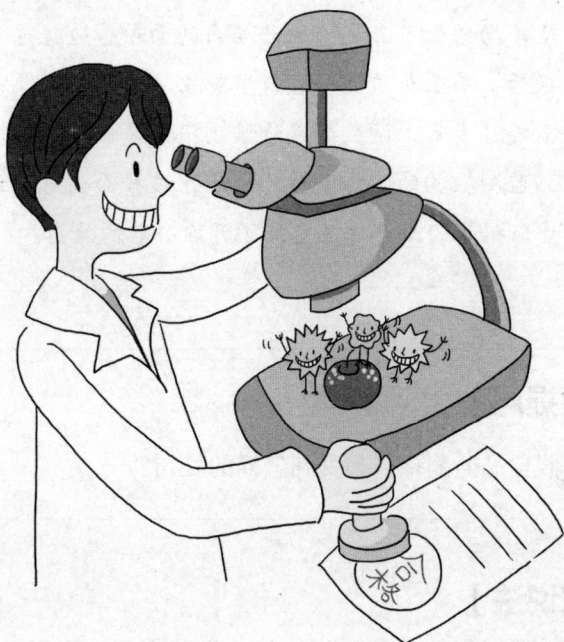

## 【法律条文】

第一百三十七条 违反本法规定，承担食品安全风险监测、风险评估工作的技术机构、技术人员提供虚假监测、评估信息的，依法对技术机构直接负责的主管人员和技术人员给予撤职、开除处分；有执业资格的，由授予其资格的主管部门吊销执业证书。

## 【案例解读】

某公司是当地一家专门生产挂面的公司，当地几乎所有超市的挂面都是由该公司供应货物的。该公司表面上看起来很豪华、干净，但事实上其生产挂面的厂房非常脏，里面的垃圾不能得到及时清理，夏天的时候会招来很多苍蝇。每次只要一听说工商部门要来进行检查，该公司就会马上派人把生产的厂房临时收拾得干干净净。后来，该公司的行为被当地的一些居民得知之后，有人就向工商局进行了举报，称该公司的生产场所很不卫生，生产挂面的面粉旁边就是垃圾。工商局在接到举报后，马上对该公司进行了突击检查，果然像举报者所说的一样。后来经过查实，该公司风险监测报告是假的，其虚假的报告来自一位食品监测机构的工作人员。最后，该挂面公司受到了相应的处罚，且该虚假报告的出具者也受到了开除公职的处罚。

## 【我要提问】

出具虚假食品监测报告会受到怎样的处罚？

## 【专家说法】

根据《食品安全法》第一百三十七条的规定，承担食品安全风险监测、风险评估工作的技术机构、技术人员提供虚假监测、评估信息的，依法对技术机构直接负责的主管人员和技术人员给予撤职、开除处分；有执业资格的，由授予其资格的主管部门吊销执业证书。本案例中，虚假报告的出具者是知法犯法，应受到相应的法律制裁。

## 【一句话点评】

出具虚假食品监测报告者必将受到法律的严惩。

# 食品安全部门的执法人员可以随意处罚违法者吗？

## 【法律条文】

第一百四十六条　食品药品监督管理、质量监督等部门在履行食品安全监督管理职责过程中，违法实施检查、强制等执法措施，给生产经营者造成损失的，应当依法予以赔偿，对直接负责的主管人员和其他直接责任人员依法给予处分。

## 【案例解读】

朱某以前经营了一家小店，主要是制作一种秘制香肠，其口感好，而且便宜实惠，因此他家的生意非常好，店铺的规模也越来越大。2015 年 7 月，朱某决定成立自己的公司，进行批量生产，扩大销售量。在食品公司成立之后，朱某并没有聘请专业的食品安全技术人员。一天，由于某员工操作失误，导致一种添加剂添加超量。由于这种添加剂对人体危害很大，当这批食品销售出去后，很多人吃了这批香肠出现呕吐的现象。当地的执法人员得知此事后对朱某进行殴打，造成朱某轻伤。朱某把该执法人员告上法庭，最后法院判令该执法人员赔偿朱某 1000 元，并撤销了该执法人员所在部门主任的职务。

## 【我要提问】

食品安全部门的执法人员可以随意处罚违法者吗？

## 【专家说法】

根据《食品安全法》第一百四十六条的规定，食品药品监督管理、质量监督等部门在履行食品安全监督管理职责过程中，违法实施检查、强制等执法措施，给生产经营者造成损失的，应当依法予以赔偿，对直接负责的主管人员和其他直接责任人员依法给予处分。

## 【一句话点评】

违法者应该受到法律的制裁，而不是某些执法人员的私刑。